IMAGINE 1

CAHIER D'ACTIVITÉS

NIVEAU A1

MÉTHODE DE FRANÇAIS

Marie-Noëlle Cocton
coordination pédagogique

Marianne Ellafaf
Magosha Fréquelin
Louise Rousselot

Français Langue Étrangère

Couverture : Primo&Primo
Calligraphie de la couverture : Valentine Choquet
Principe de maquette et mise en page : Ariane Aubert
Coordination éditoriale : Claire Dupuis
Édition : Clothilde Mabille
Recherches iconographiques et droits : Aurélia Galicher
Cheffe de studio : Christelle Daubignard
Illustrations : Valentine Choquet et Mathieu de Muizon
Enregistrements, montage et mixage des audios : Studio Quali'sons, Jean-Paul Palmyre

« Le photocopillage, c'est l'usage abusif et collectif de la photocopie sans autorisation des auteurs et des éditeurs. Largement répandu dans les établissements d'enseignement, le photocopillage menace l'avenir du livre, car il met en danger son équilibre économique. Il prive les auteurs d'une juste rémunération. En dehors de l'usage privé du copiste, toute reproduction totale ou partielle de cet ouvrage est interdite. »

« La loi du 11 mars 1957 n'autorisant, au terme des alinéas 2 et 3 de l'article 41, d'une part, que les copies ou reproductions strictement réservées à l'usage privé du copiste et non destinées à une utilisation collective » et, d'autre part, que les analyses et les courtes citations dans un but d'exemple et d'illustration, « toute représentation ou reproduction intégrale, ou partielle, faite sans le consentement de l'auteur ou de ses ayants droit ou ayants cause, est illicite. » (alinéa 1er de l'article 40) « Cette représentation ou reproduction, par quelque procédé que ce soit, constituerait donc une contrefaçon sanctionnée par les articles 425 et suivants du Code pénal. »

© Didier FLE, une marque des éditions Hatier, Paris 2022.
ISBN : 978-2-278-11174-9
Dépôt légal : 11174/02
Achevé d'imprimer en Italie en juin 2025 par L.E.G.O. (Lavis)

éditions didier s'engagent pour l'environnement en réduisant l'empreinte carbone de leurs livres. Celle de cet exemplaire est de : 750 g éq. CO$_2$
Rendez-vous sur www.editionsdidier-durable.fr

Sommaire

unité 0 Bienvenue!	4
unité 1 #MOI	6
Complète ta carte mentale	14
PRÉPARE LE DELF	15
unité 2 #COLLÈGE	16
Complète ta carte mentale	24
PRÉPARE LE DELF	25
unité 3 #J'AIME	26
Complète ta carte mentale	34
PRÉPARE LE DELF	35
unité 4 #FAMILLE	36
Complète ta carte mentale	44
PRÉPARE LE DELF	45
unité 5 #FRIGO	46
Complète ta carte mentale	54
PRÉPARE LE DELF	55
unité 6 #CHEZMOI	56
Complète ta carte mentale	64
PRÉPARE LE DELF	65
FAIS LE BILAN	66
ÉPREUVE BLANCHE DE DELF A1	72
IMAGINE... EN FRANÇAIS!	80

- U1 Géographie, p. 80
- U2 Arts plastiques, p. 81
- U3 SVT, p. 82
- U4 Littérature, p. 83
- U5 Mathématiques, p. 84
- U6 Histoire, p. 85

CORRIGÉS	86
TRANSCRIPTIONS	92

UNITÉ 0 — BIENVENUE !

1 Bonjour !

1. 🎧 2 Écoute. Trouve le mot et répète.

Bonsoir   **Bonne nuit**   **Au revoir**
Salut   **Bonjour**   **Merci**

2. Associe une image à un mot de l'exercice 1.

....

3. Écris les mots dans ta langue.

....

2 Les couleurs

1. 🎧 3 Écoute. Écris la couleur et répète.

2. Complète les sudokus avec les couleurs (une couleur par ligne et par colonne). Puis, colorie.

	orange	vert	
vert		orange	
rouge			
	marron		vert

orange			violet
jaune			bleu
	jaune	bleu	
			jaune

UNITÉ 0

3 L'alphabet et les chiffres

1. 🎧4 Écoute et complète la phrase.

Je m'appelle ....

2. 🎧5 Écoute et complète les couleurs du minion : jaune, noir, gris.

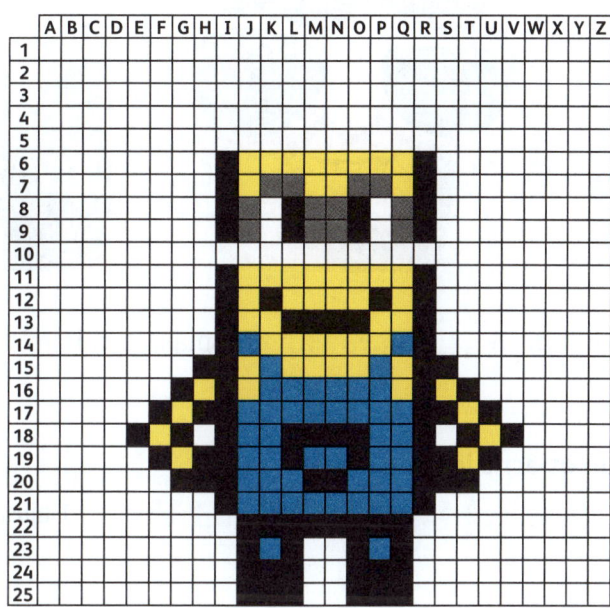

4 Des objets

1. Complète avec des objets de la classe.

2. Écris l'article (*le* ou *la*) devant les mots.

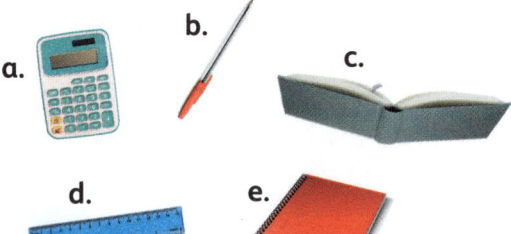

5 Les consignes

Associe une image à une consigne : écoute – écris – associe – répète – regarde – lis – complète.

....

cinq 5

LEÇON 1 — SE PRÉSENTER

1 Je m'appelle…

1. 🎧 6 Écoute et complète.

a. .... m'appelle Anna. b. .... Thomas. c. Je m'appelle ....

2. 🎧 7 Écoute la question et écris la réponse.

....

astuce Pour écrire une phrase :
Majuscule .... ● (point)

2 Tu t'appelles comment ?

1. Mets les phrases dans l'ordre.

a. Je m'appelle Clothilde. ➡ n° ....

b. Et toi ? ➡ n° ....

c. Tu t'appelles comment ? ➡ n° ....

2. Lis la réponse. Enregistre la question.

– Je m'appelle Justine.

Les pronoms sujets > 📖 Livre élève p. 14

1. Trouve huit pronoms sujets dans la grille.

2. Écris les pronoms dans l'ordre.

....

....

....

....

A	P	J	Q	O	I	L
E	O	E	P	N	U	A
L	H	I	T	U	I	Y
L	B	F	Z	Z	L	V
E	E	L	L	E	S	O
W	L	N	O	U	S	U
F	O	T	G	B	R	S

#MOI • UNITÉ 1

3 Ça s'écrit comment ?

1. 🎧 8 Écoute et répète.

les voyelles

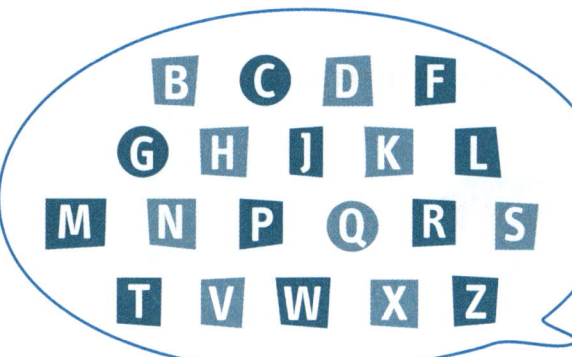

les consonnes

2. Lis et enregistre.

A B C D E F G H I J K L M N O P Q R S T U V W X Y Z

3. 🎧 9 Épèle à voix haute. Écoute et vérifie.

Émilie   Côme   Françoise   Maëlle

4 C'est à toi !

1. Complète avec des mots français.

P comme ………………………………………………

A comme ………………………………………………

R comme ………………………………………………

I comme ………………………………………………

S comme ………………………………………………

2. 🎧 10 Écoute et répète. Colorie la tour Eiffel.

DÉTENTE

À DEUX

Complétez la grille avec les chiffres suivants : 1, 2, 4, 7, 8, 9.

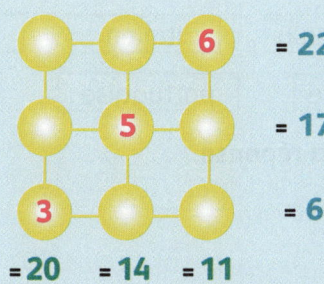

sept 7

LEÇON 2 — DIRE SA NATIONALITÉ

1 Quelle ville ?

1. Écris les villes sur la carte.

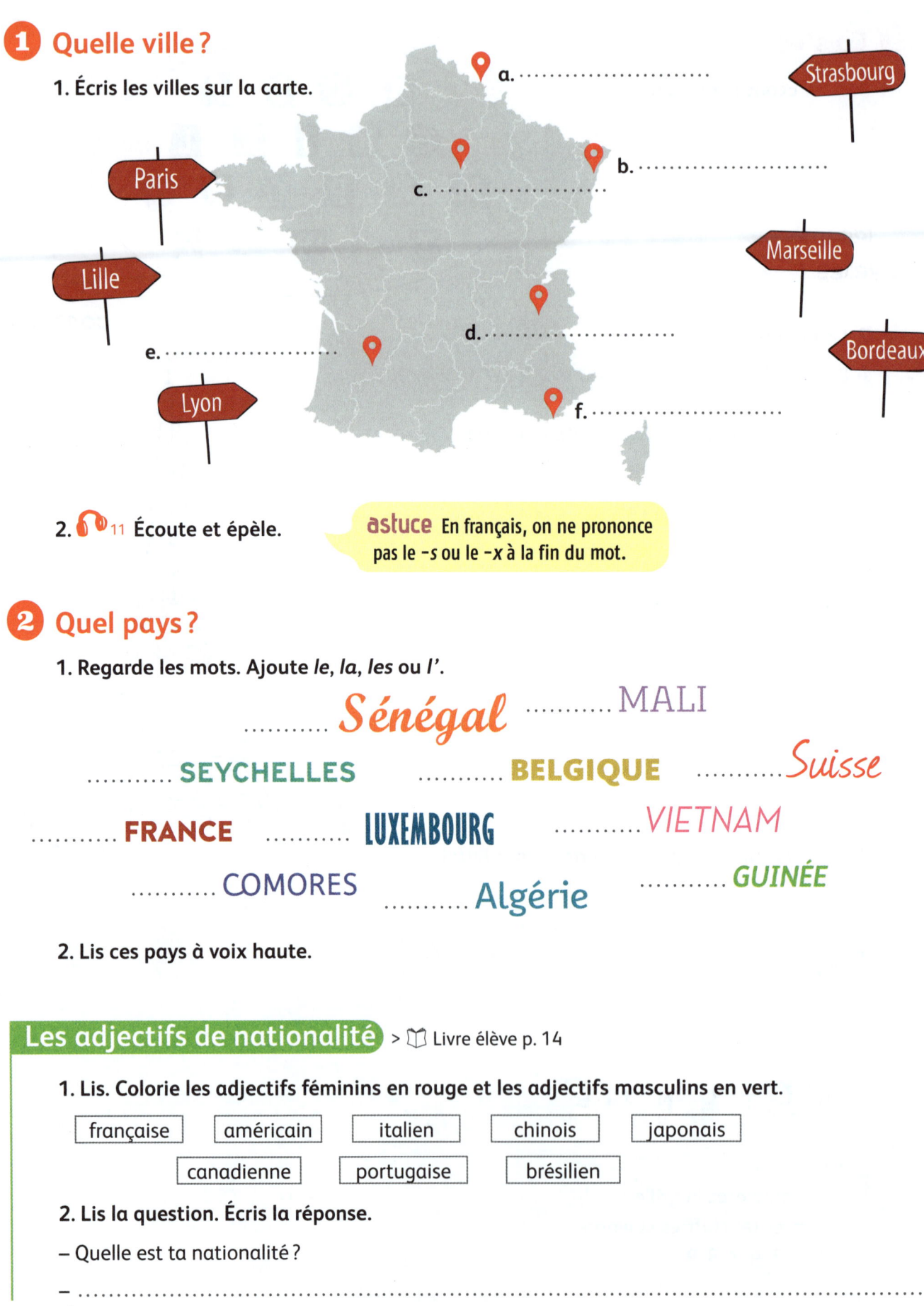

a. ....
b. ....
c. ....
d. ....
e. ....
f. ....

2. 🎧 11 Écoute et épèle.

> **astuce** En français, on ne prononce pas le –s ou le –x à la fin du mot.

2 Quel pays ?

1. Regarde les mots. Ajoute *le*, *la*, *les* ou *l'*.

.... Sénégal   .... MALI
.... SEYCHELLES   .... BELGIQUE   .... Suisse
.... FRANCE   .... LUXEMBOURG .... VIETNAM
.... COMORES   .... Algérie   .... GUINÉE

2. Lis ces pays à voix haute.

Les adjectifs de nationalité > 📖 Livre élève p. 14

1. Lis. Colorie les adjectifs féminins en rouge et les adjectifs masculins en vert.

| française | américain | italien | chinois | japonais |

| canadienne | portugaise | brésilien |

2. Lis la question. Écris la réponse.

– Quelle est ta nationalité ?

– ....

3 Quelle nationalité ?

1. 🎧 12 Écoute et complète.

a. Il .... Thomas.
Il est ....
b. Elle .... Anna.
Elle est ....

2. 🎧 13 Écoute et coche.

	a.	b.	c.	d.
👧				
👦				

3. Présente un voisin ou une voisine.

....
....

4 C'est à toi !

1. Associe un drapeau et son pays. Complète le nom du pays avec l'article *le*, *la* ou *les*.

... ... a. ...

a. .... Burkina Faso   b. .... Seychelles   c. .... Côte d'Ivoire   d. .... Belgique   e. .... Canada

2. Invente et dessine un drapeau. Enregistre une description.

DÉTENTE

À DEUX
Nommez les villes ou pays de l'image.

neuf 9

LEÇON 3 — PRÉSENTER UNE CÉLÉBRITÉ

1 C'est qui ?

1. Écris le prénom et la nationalité.

a. C'est ....
Il est ....

b. C'est ....
Elle est ....

c. C'est ....
Elle est ....

d. C'est ....
Elle est ....

a. Soprano
b. Angèle
c. Ariana Grande
d. Emma Watson

2. Présente une célébrité et sa nationalité.

C'est ....
....

astuce
• c'est + prénom (+ nom)
• il/elle est + nationalité

2 Quelle est sa profession ?

1. Complète la grille.

2. Écris les six professions au féminin.

a. ....
b. ....
c. ....
d. ....
e. ....
f. ....

C'est... > 📖 Livre élève p. 18

1. Regarde et entoure les mots féminins.

| un acteur | une cuisinière | une professeure | un garagiste |
| une actrice | un cuisinier | un professeur | une garagiste |

2. Complète la phrase avec la profession d'Angèle.

C'est ....

UNITÉ 1

3 Je suis une célébrité !

1. 🎧 14 Lis le texte à voix haute. Puis, écoute et compare.

Il s'appelle Antoine de Saint-Exupéry.
Il est né le 29 juin 1900 à Lyon.
C'est un écrivain, un aviateur
et un reporter français.

nom
prénom
date de naissance
nationalité
ville de naissance
professions

2. Associe une étiquette à une information.

Marie Curie

4 C'est à toi !

1. Regarde la photo. Cherche et note des informations sur la femme.

astuce Utilise *et* pour deux professions.

2. Écris un texte.

....
....
....
....

EN GROUPES

Trouvez les célébrités et complétez.

a.
Nom : ....
Prénom : ....
Profession : actrice
Nationalité : britannique
Date de naissance : 15 / 04 / 1990
Ville de naissance : Paris

b.
Nom : ....
Prénom : ....
Profession : footballeur
Nationalité : française
Date de naissance : 20 / 12 / 1998
Ville de naissance : Paris

c.
Nom : ....
Prénom : ....
Profession : acteur
Nationalité : française
Date de naissance : 20 / 01 / 1978
Ville de naissance : Trappes

onze 11

RÉVISE TON UNITÉ

grammaire

mémo

LES PRONOMS SUJETS

je	nous
tu	vous
il/elle	ils/elles

LES ADJECTIFS DE NATIONALITÉ

• consonne, + -e
Il est français. Elle est française.
Il est espagnol. Elle est espagnole.
• -e, -e
Il est belge. Elle est belge.
• -ien, -ienne
Il est italien. Elle est italienne.

C'EST…

• *C'est* + prénom
C'est Omar.
• *C'est un* + nom masculin
C'est un garçon.
• *C'est une* + nom féminin
C'est une fille.

C'EST UN… IL EST…

• *C'est un(e)* + profession
C'est un acteur.
C'est une actrice.
• *Il/Elle est* + profession
Il est acteur.
Elle est actrice.

conjugaison

mémo

ÊTRE AU PRÉSENT

je suis	nous sommes
tu es	vous êtes
il/elle est	ils/elles sont

S'APPELER AU PRÉSENT

je m'appelle
tu t'appelles
il/elle s'appelle
nous nous appelons
vous vous appelez
ils/elles s'appellent

1 Complète. ☆☆☆☆☆

a. ………… m'appelle Chloé.
b. ………… s'appelle Claire.
c. ………… est mexicain.
d. ………… t'appelles Antoine ?
e. ………… sont français.

2 Complète. ☆☆☆☆☆

a.	suisse	…………
b.	…………	brésilienne
c.	japonais	…………
d.	…………	chinoise
e.	allemand	…………

3 Associe. ☆☆☆☆☆

4 Conjugue. ☆☆☆☆☆

– Il ………… Omar. C'………… un acteur.
Il ………… français. Et toi, tu ………… comment ?
– Je ………… Thibault.

Compréhension orale

🎧 15 Écoute et complète.

Nom	Prénom	Nationalité	Profession
1. …………	…………	…………	…………
2. …………	…………	…………	…………
3. …………	…………	…………	…………

UNITÉ 1

1 Associe une étiquette à un mot d'identité. ☆☆☆☆☆

- 12/10/2000
- belge
- PEETERS
- Adam
- Liège
- garagiste

- nom (de famille)
- prénom
- nationalité
- date de naissance
- profession
- ville de naissance

2 Complète avec un article et entoure l'intrus. ☆☆☆☆☆

..... France ..... Belgique ..... Mexique ..... Finlande ..... Suisse

3 Observe et associe un mot étranger à une profession. Indique la langue des mots. ☆☆☆☆☆

a. fotograaf ➡ ....
b. profesor ➡ ....
c. attore ➡ ....
d. jornalista ➡ ....
e. mechanic ➡ ....
f. postbud ➡ ....
g. Fußballspieler ➡ ....
h. ウェイター ➡ ....
i. 邮递员 ➡ ....
j. повар ➡ ....

4 🎧 16 Écoute et répète. ☆☆☆☆☆

Production orale

Présente-toi à ton voisin ou ta voisine avec les mots suivants.

prénom   nationalité   ville   date de naissance   nom

mémo

vocabulaire

L'IDENTITÉ
le nom (de famille)
le prénom
le sexe (masculin/féminin)
la nationalité
la date de naissance
la ville de naissance
la profession
l'adresse

LES NOMS DE PAYS

• *le* + pays masculin
le Sénégal

• *la* + pays féminin
la Suisse

❗ le Cambodge, le Mexique, le Mozambique

• *les* + pays pluriel
les Comores

• *l'* + pays avec voyelle
l'Espagne   l'Iran

LES MOIS
janvier   juillet
février   août
mars   septembre
avril   octobre
mai   novembre
juin   décembre

LES PROFESSIONS
un professeur, une professeure
un/une journaliste
un/une garagiste
un serveur, une serveuse
un acteur, une actrice
un facteur, une factrice
un cuisinier, une cuisinière

LES NOMBRES (1)
10 ▶ dix   21 ▶ vingt et un
11 ▶ onze   22 ▶ vingt-deux
12 ▶ douze   23 ▶ vingt-trois
13 ▶ treize   24 ▶ vingt-quatre
14 ▶ quatorze   25 ▶ vingt-cinq
15 ▶ quinze   26 ▶ vingt-six
16 ▶ seize   27 ▶ vingt-sept
17 ▶ dix-sept   28 ▶ vingt-huit
18 ▶ dix-huit   29 ▶ vingt-neuf
19 ▶ dix-neuf   30 ▶ trente
20 ▶ vingt   31 ▶ trente et un

treize 13

COMPLÈTE TA CARTE MENTALE

Je colle ma photo.

Ma date de naissance
.... / .... / ....

Je nomme les mois de l'année à voix haute.

Ma ville de naissance
....

Mon prénom
....

Je montre ma ville sur la carte.

#MOI

Ma future profession
....

J'écris le nom de cinq autres professions.
- ....
- ....
- ....
- ....
- ....

Mon pays
....

J'écris le nom de cinq autres pays.
- ....
- ....
- ....
- ....
- ....

Ma nationalité
....

J'écris cinq autres nationalités.
- ....
- ....
- ....
- ....
- ....

PRÉPARE LE DELF

Compréhension de l'oral 🎧

🎧 17 **Lisez les questions. Écoutez le document puis répondez.**
Vous écoutez la radio française.

1. Quelle est la nationalité de Lisa ?
   A. ☐ Française.
   B. ☐ Espagnole.
   C. ☐ Portugaise.

2. Lisa habite où ?
   A. ☐ En Italie.
   B. ☐ En France.
   C. ☐ En Espagne.

3. Lisa a quel âge ?
   A. ☐ 10 ans.
   B. ☐ 12 ans.
   C. ☐ 14 ans.

4. Quelle est la date de naissance de Sergio ?
   A. ☐ Le 10 avril.
   B. ☐ Le 3 juin.
   C. ☐ Le 16 juillet.

Production écrite ✏️

Vous êtes sur Radio Ado, vous présentez votre voisin ou votre voisine au journaliste.

PRÉNOM : ....
NATIONALITÉ : ....
PAYS : ....
VILLE : ....
ÂGE : ....
DATE DE NAISSANCE : ....
CHANTEURS OU CHANTEUSES PRÉFÉRÉ(E)S :
- ....
- ....

SPORTIFS OU SPORTIVES PRÉFÉRÉ(E)S :
- ....
- ....

LEÇON 1 — DIRE SON ÂGE

1 C'est la rentrée !

1. 🎧 18 Écoute et complète avec les prénoms et dates d'anniversaire.

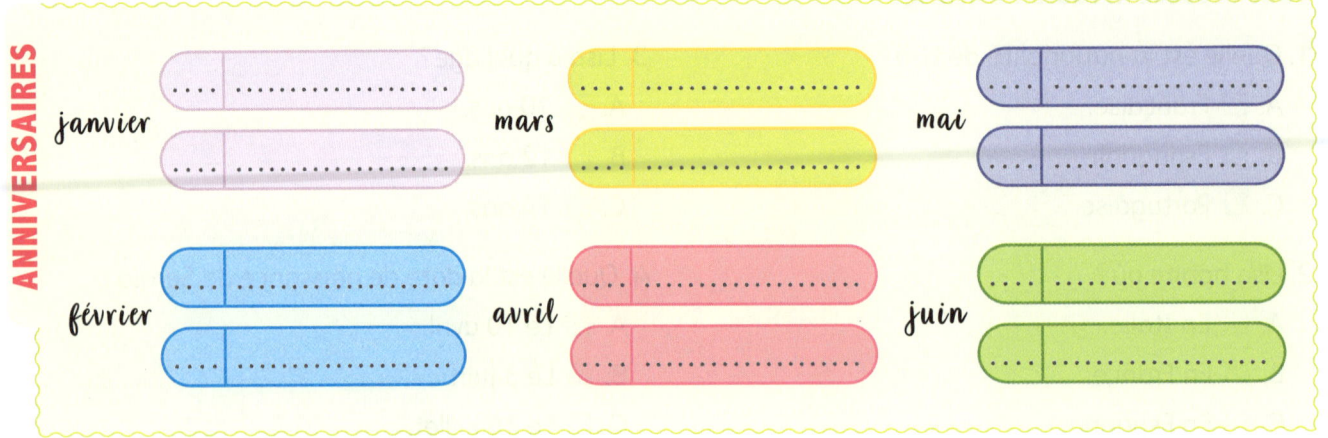

2. Et toi, tu es né(e) quand ? ....

2 Tu as quel âge ?

1. Lis et réponds.

a. Il s'appelle comment ?
....

b. Il a quel âge ?
....

c. Quelle est sa nationalité ?
....

2. Complète cette fiche pour te présenter.

Les articles indéfinis > 📖 Livre élève p. 26

1. **un**, **une** ou **des** ? Colorie les mots en jaune, vert ou bleu.

2. Complète avec *un*, *une* ou *des*.

a. .... photos   c. .... livres

b. .... tableau   d. .... tablette

astuce
- *un*, *une* = singulier
- *des* = pluriel

#COLLÈGE • UNITÉ 2

3 Vous vous appelez comment ?

1. 🎧 19 Écoute et coche.

	a.	b.	c.	d.	e.
question					
réponse					

2. 🎧 20 Écoute, répète puis complète avec un point (.) ou un point d'interrogation (?).

a. Il s'appelle Quentin
b. Nous sommes dans la même classe
c. Vous êtes anglais
d. La rentrée, c'est le 1er septembre
e. Ton anniversaire, c'est le 3 mai

astuce
À l'oral : ↘ .
↗ ?

4 C'est à toi !

1. Regarde la photo : tu penses à quels mots ? Écris-les.

....
....
....
....

2. Décris ton collège et ta classe : utilise au moins cinq de tes mots.

....
....
....
....

DÉTENTE

Lis. Ils ont quel âge ?

➡ Moi, j'ai treize ans et Sonia a le même âge que moi.
➡ L'âge de David = l'âge de Sonia − 2 ans.
➡ L'âge de Lucie = (l'âge de David ÷ 2) + 6,5 ans.
➡ L'âge de Matéo = (l'âge de David × 2) − 8 ans.

LEÇON 2 — NOMMER UN OBJET

1 Dans ma trousse, il y a…

1. 🎧 21 Écoute, dessine le chemin et découvre qui parle.

2. Regarde ton sac et complète.

Dans mon sac, il y a ....

....

....

....

....

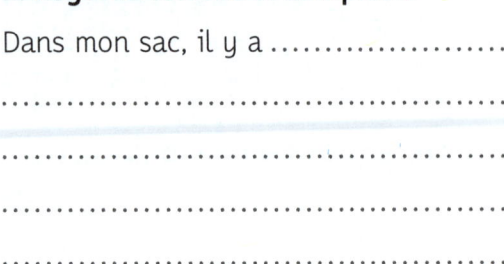

2 Je n'ai pas de…

1. Regarde l'agenda d'Arthur. Il a quelles matières le lundi ?

LUNDI	
Cours de	Matériel à apporter
....	ciseaux, feutres, crayons de couleur, règle
....	trousse, règle, cahier, compas, calculatrice
....	trousse, cahier de musique, classeur
....	trousse, cahier, livre d'allemand

2. Regarde la liste et complète.

Oui ✓	cahier vert, stylos bleus, règle, trousse
Non ✓	cahier jaune, stylo rouge, crayons de couleur, classeur

astuce
- J'ai <u>un</u> stylo.
- Je n'ai **pas** <u>de</u> stylo.

Arthur a un cahier vert, ...

mais il n'a pas ....

Le pluriel des noms > 📖 Livre élève p. 26

1. Entoure l'intrus.

a. trousse – stylos – cahier – feutre – règle – gomme

b. livres – classeurs – ciseaux – crayons – sac

2. Écris le pluriel.

a. une fille ⇒ ....   c. une classe ⇒ ....

b. un élève ⇒ ....   d. un tableau ⇒ ....

UNITÉ 2

3 C'est une colle UHU ?

1. 🎧 22 **Écoute et coche.**

	a.	b.	c.	d.	e.
un					
une					

2. *Un* ou *une* ?

a. .... voisin   c. .... actrice   e. .... pays
b. .... nationalité   d. .... sportif   f. .... collège

4 C'est à toi !

1. 🎧 23 **Écoute, observe et entoure l'intrus.**

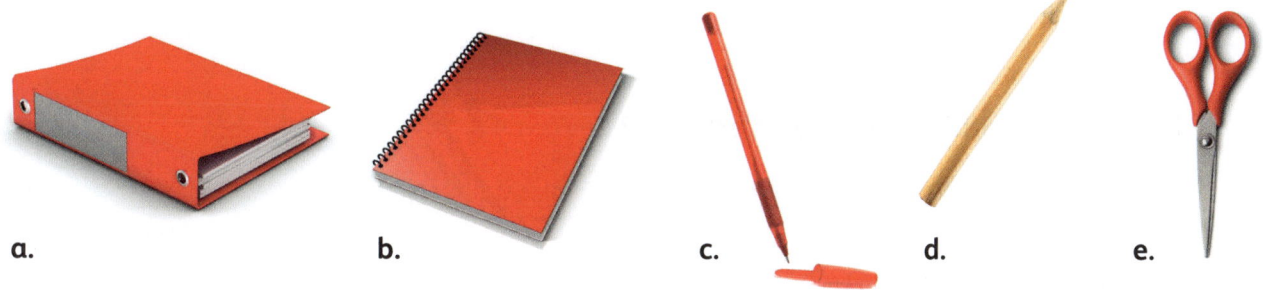

a.   b.   c.   d.   e.

2. **Tu as quoi dans ton sac ? Complète les phrases.**

a. Pour le cours de mathématiques, j'ai ....
b. Pour le cours d'arts plastiques, j'ai ....
c. Pour le cours de français, j'ai ....

DÉTENTE

À DEUX **Utilisez le code secret et découvrez le message.**

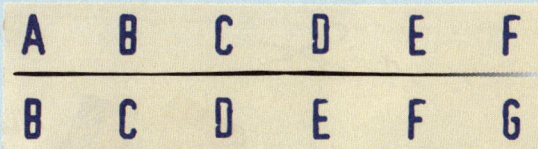

JM B VO DBIJFS NBJT JM O'B QBT EF DMBTTFVS

dix-neuf 19

LEÇON 3 — DÉCRIRE SON EMPLOI DU TEMPS

1 Tu es plus maths ou histoire ?

Driss : Salut Lucas et Matéo ! C'est quoi vos matières préférées ? Moi, c'est maths 😆 et physique-chimie. 😍

1. Lis. C'est qui ?

Lucas : Maths et physique-chimie 😮. Mes matières préférées, c'est histoire-géo et français.

Matéo : Maths, physique-chimie, histoire-géo, français ! 😆 Moi, je suis plus EPS et arts plastiques ! 🤡

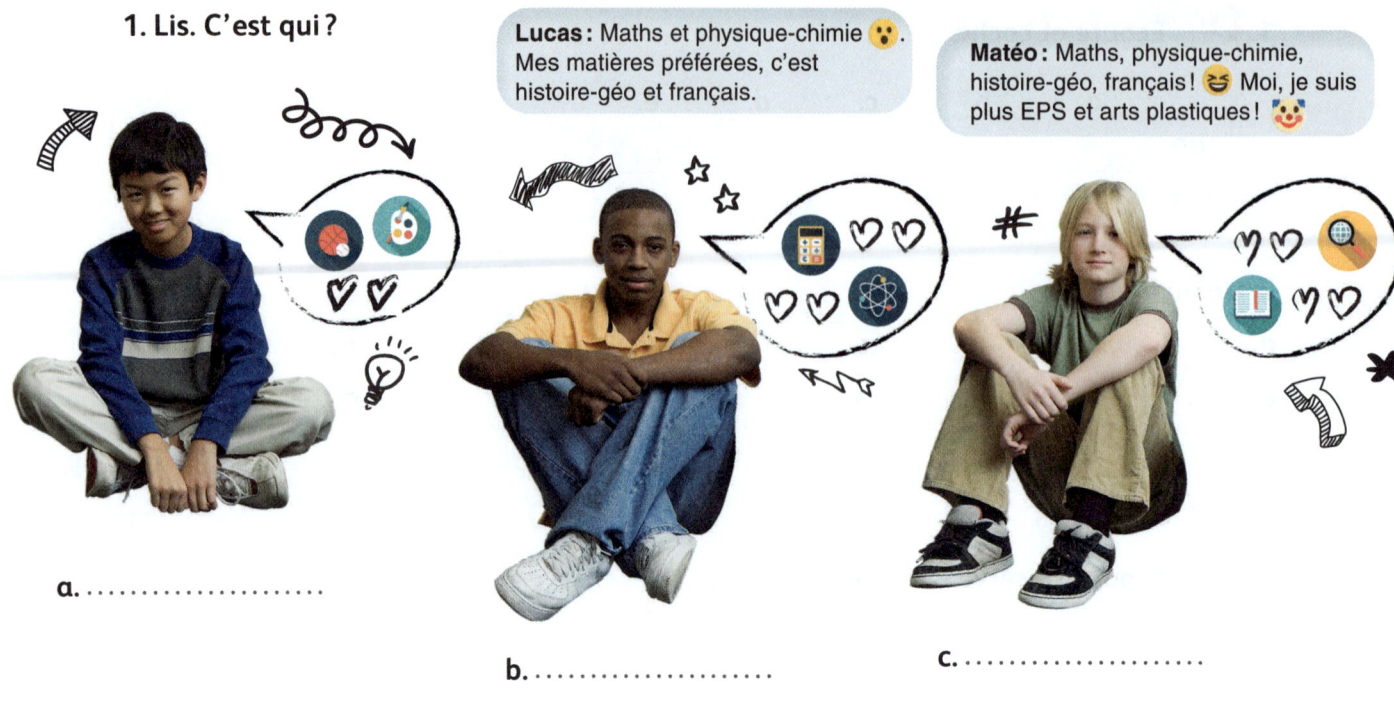

a. ....

b. ....

c. ....

2. Et toi, tes matières préférées, c'est quoi ?

....

2 Notre emploi du temps

1. 🎧 24 Écoute et réponds.

a. Arthur a cours de maths quels jours ? ....

b. Le jour préféré d'Arthur, c'est quand ? ....

2. Et toi, tu as cours de français quels jours ? d'anglais ? d'EPS ? Dis trois phrases.

Les adjectifs possessifs > 📖 Livre élève p. 30

astuce
- *c'est* + mot singulier
- *ce sont* + mot pluriel

1. Regarde et écris comme dans l'exemple.

a. Ce sont mes livres.

b. ....

c. ....

d. ....

2. Ce sont les objets de Léa et Arthur. Écris deux phrases.

....

....

UNITÉ 2

3 Mon jour préféré...

1. 🎧 25 Écoute et coche.

	a.	b.	c.	d.	e.	f.
J'entends [ɔ̃]						
Je n'entends pas [ɔ̃]						

2. 🎧 26 Écoute et répète.

4 C'est à toi !

1. Retrouve le jour de la semaine caché à la verticale.

2. Crée un jour caché comme en 1.

EN GROUPES

Lancez les dés et jouez au jeu de l'oie !

vingt et un 21

RÉVISE TON UNITÉ

grammaire

mémo

LES ARTICLES INDÉFINIS

- *un* + nom masculin
  un professeur

- *une* + nom féminin
  une classe

- *des* + nom pluriel
  des professeurs, des classes

❗ J'ai un stylo. J'ai des stylos.
Je n'ai pas de stylo.

LE PLURIEL DES NOMS

- singulier
  un cahier, une gomme

- pluriel : singulier + -s
  des cahiers, des gommes

❗ des ciseaux

LES ADJECTIFS POSSESSIFS

- *mon, ton, son, notre, votre, leur* + nom masculin singulier
  mon livre

- *ma, ta, sa, notre, votre, leur* + nom féminin singulier
  ma matière

❗ *mon, ton, son* + nom féminin singulier avec voyelle ou h muet
  mon amie

- *mes, tes, ses, nos, vos, leurs* + nom pluriel
  mes livres, mes matières

conjugaison

mémo

AVOIR AU PRÉSENT

j'ai	nous avons
tu as	vous avez
il/elle a	ils/elles ont

PARLER AU PRÉSENT

je parle	nous parlons
tu parles	vous parlez
il/elle parle	ils/elles parlent

---

1 Complète avec *un, une, des* ou *de*. ☆☆☆☆☆

a. J'ai .... copains dans ma classe.
b. Le professeur a .... ordinateur.
c. Je n'ai pas .... stylo rouge.
d. Inés, c'est .... copine de classe.
e. Claire et Lucas sont .... élèves de 5e.

2 Complète. ☆☆☆☆☆

	singulier	pluriel
a.	matière	....
b.	....	cahiers
c.	stylo	....
d.	....	voisins
e.	tableau	....

3 Associe pour faire des phrases. ☆☆☆☆☆

a. C'est mon ● ● classe ?
b. Vous avez vos ● ● cahier.
c. Elles sont avec leurs ● ● matière préférée ?
d. C'est quoi, votre ● ● livres ?
e. Tes copains sont dans ta ● ● copines.

4 Conjugue le verbe. ☆☆☆☆☆

a. Nous (parler) .... anglais et espagnol.
b. Tu (avoir) .... ton livre de français ?
c. Le professeur (parler) .... avec l'accent canadien.
d. Vous (avoir) .... français le lundi et le mercredi.
e. Elles (avoir) .... un professeur de français.

Production écrite

Lis et écris les réponses.

a. Tu as quel âge ? ....
b. Tu parles combien de langues ? ....
c. Tu as combien de matières ? ....
d. Tu as un sac ou un cartable ? ....

UNITÉ 2

1 Observe et barre l'intrus. ☆☆☆☆☆

a. le professeur – l'élève – le voisin – l'actrice
b. anglais – compas – maths – EPS
c. un collège – une règle – un stylo – une trousse
d. lundi – mercredi – vendredi – janvier – samedi
e. printemps – dimanche – automne – été – hiver

2 Complète les phrases avec les étiquettes. ☆☆☆☆☆

septembre | ciseaux | samedi | français | classe

a. J'ai trois copines dans ma ....
b. Mes .... sont dans mon sac.
c. Mon jour préféré, c'est le ....
d. En ...., c'est la rentrée.
e. C'est monsieur Dugas, le professeur de ....

3 Complète. ☆☆☆☆☆

..... ⇨ quarante-huit   56 ⇨ ....
61 ⇨ .... ⇨ trente-neuf
..... ⇨ quarante-deux

4 Associe les mois aux saisons. ☆☆☆☆☆

janvier | mai | août | avril | novembre

 le printemps
 l'été
 l'automne
 l'hiver

Compréhension écrite

Lis et coche.

Je m'appelle Victor, je suis élève au collège Rousseau avec mon copain Samir et nous avons douze ans. Aujourd'hui, c'est lundi et nous avons cours de technologie, notre matière préférée ! Ma professeure préférée, c'est madame Clerc, ma prof de maths. Nous avons cours de maths le lundi et le vendredi.

a. Ils ont quel âge ? ☐ 11 ans ☐ 12 ans ☐ 13 ans
b. Ils ont cours de technologie le : ☐ lundi ☐ mardi ☐ vendredi
c. Leur matière préférée c'est : ☐ l'EPS ☐ les maths ☐ la technologie
d. Madame Clerc est prof de : ☐ maths ☐ SVT ☐ technologie

---

mémo

LE COLLÈGE
la cantine
une classe
un copain, une copine
la cour
un(e) élève
un(e) professeur(e)
la rentrée
un tableau
un voisin, une voisine

LES OBJETS DU COLLÈGE
un cahier   une gomme
un cartable   une règle
des ciseaux   un sac
un classeur   une trousse
un compas   un tube de colle
des feutres

LES NOMBRES (2)
32 ▶ trente-deux
40 ▶ quarante
41 ▶ quarante et un
42 ▶ quarante-deux
50 ▶ cinquante
51 ▶ cinquante et un
52 ▶ cinquante-deux
60 ▶ soixante
61 ▶ soixante et un

LES MATIÈRES SCOLAIRES
les arts plastiques
l'éducation musicale
l'EMC (enseignement moral et civique)
l'EPS (éducation physique et sportive)
le français
l'histoire-géographie
une langue vivante
les mathématiques
la physique-chimie
les SVT (sciences de la vie et de la Terre)
la technologie

LES JOURS DE LA SEMAINE
lundi   jeudi   samedi
mardi   vendredi dimanche
mercredi

LES SAISONS
le printemps   l'automne
l'été   l'hiver

COMPLÈTE TA CARTE MENTALE

Mes deux matières préférées
- ....
- ....

Je dessine mon voisin ou ma voisine.

J'écris le nom de trois autres matières.
- ....
- ....
- ....

#COLLÈGE

Mon jour préféré
....

Ma saison préférée
....

Je nomme les autres jours et saisons à voix haute.

Nous sommes combien dans la classe ?
....

Dans mon sac, il y a :
- ....
- ....
- ....

Dans ma trousse, il y a :
- ....
- ....
- ....
- ....

J'écris cinq nombres en lettres.
- ....
- ....
- ....
- ....
- ....

PRÉPARE LE DELF

Compréhension des écrits

Vous recevez ce message de votre correspondant français.

> Salut !
> Je m'appelle Théo, j'ai 12 ans. Je suis né le 14 mai et j'habite à Lyon.
> Je suis au collège Saint-Exupéry. Ma matière préférée est l'histoire. C'est le mercredi et le jeudi.
> J'ai deux meilleurs amis : Hugo et Enzo. Ils sont dans ma classe. Hugo parle anglais et Enzo parle un peu italien. Moi, je parle français et arabe.
> Le lundi et le mercredi, j'ai mathématiques avec monsieur Prevost, c'est mon professeur préféré.
> À bientôt,
> Théo

1. Théo a quel âge ?
   A. ☐ 12 ans.
   B. ☐ 13 ans.
   C. ☐ 14 ans.

2. La matière préférée de Théo, c'est quoi ?
   A. ☐ L'anglais.
   B. ☐ L'histoire.
   C. ☐ Les mathématiques.

3. Hugo parle quelle langue ?
   A. ☐ L'anglais.
   B. ☐ L'italien.
   C. ☐ L'arabe.

4. Le cours de maths, c'est quel jour ?
   A. ☐ Le lundi.
   B. ☐ Le mardi.
   C. ☐ Le jeudi.

5. Monsieur Prevost est professeur…
   A. ☐ d'anglais.
   B. ☐ d'histoire.
   C. ☐ de mathématiques.

Production orale

• **Échange d'informations**

Vous voulez connaître l'examinateur. Vous lui posez des questions à l'aide des mots écrits sur les cartes. Vous ne devez pas obligatoirement utiliser le mot, vous pouvez poser une question sur le thème.
Exemple : avec la carte « Date de naissance », vous pouvez poser la question « Vous avez quel âge ? ».

Nationalité ?   Âge ?   Téléphone ?

Saison ?   Langue ?   Pays ?

LEÇON 1 — PRÉSENTER UN ANIMAL

1 C'est quoi ?

1. 🎧 27 Écoute et coche les animaux du programme aujourd'hui.

Girafe d'Afrique centrale
a. ☐

Ours à lunettes
b. ☐

Tortue géante des Seychelles
c. ☐

Tigre de Sumatra
d. ☐

2. Réécoute et complète la phrase.

Aujourd'hui, nous découvrons ....

et ....

astuce Révise les nationalités, unité 1 du livre élève, page 14.

2 Ton animal préféré ?

1. 🎧 28 Écoute et coche.

	VRAI	FAUX
a. Le garçon a un chat.	☐	☐
b. La fille aime la couleur de l'animal.	☐	☐
c. L'animal est un tigre.	☐	☐
d. L'animal a trois ans.	☐	☐
e. La fille a un vrai chat.	☐	☐

astuce Pour présenter : C'est... Elle a... Elle est...

2. Écris trois phrases pour présenter une peluche-animal.

....

....

....

Les articles définis (2) > 📖 Livre élève p. 40

1. Écris les articles définis.

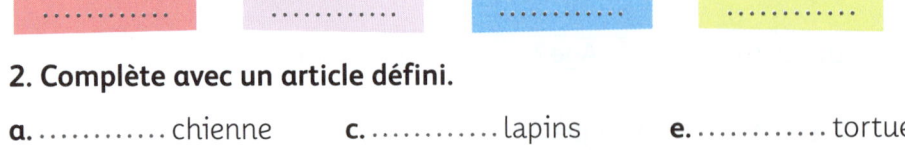

2. Complète avec un article défini.

a. .... chienne   c. .... lapins   e. .... tortues

b. .... oiseau   d. .... tigre

astuce s = pluriel

#J'AIME • UNITÉ 3

3 Vous aimez les animaux ?

1. 🎧 29 **Écoute et lis les phrases à voix haute.**
   a. Il est au collège.
   b. Léo a un chien et un chat.
   c. J'aime… Mais ça, non !
   d. Regarde le lapin !
   e. Vendredi, le chat de mon voisin a 5 ans !

2. **Réécoute et associe. J'entends le son :**

   [ə] comme dans *je*   [ɛ] comme dans *c'est*   [e] comme dans *et*

   phrase a   phrase b   phrase c   phrase d   phrase e

3. **Regarde la leçon 1 du livre élève p. 38. Trouve trois mots pour chaque son.**

   [ə]   [e]   [ɛ]

   ....
   ....
   ....

4 C'est à toi !

1. 🎧 30 **Écoute. Trouve l'animal et écris son nom.**

   astuce Regarde l'article défini.

   a.   b.   c.   d.   e.

   le .... le .... le .... l' .... l' ....

2. **Et dans ton pays, il y a quels animaux ? Complète.**

   Dans mon pays, il y a ....

DÉTENTE

À DEUX

1. **Complète la phrase :** Au zoo, il y a…
2. Ton voisin ou ta voisine répète et ajoute un nom d'animal, etc.
3. Tu gagnes si tu as le dernier nom d'animal !

LEÇON 2 — EXPRIMER SES GOÛTS

1 C'est quoi ?

1. Regarde le document. Complète.

a. C'est la galerie des ....,
à Bruxelles, en (pays) ....

b. Sur la photo, il y a un puma, un renard,
une .... , un ....
et des ....

2. Tu aimes les musées ?

....
....

La galerie des animaux à Bruxelles.

2 Tu aimes ?

1. 🎧 31 Écoute et associe.

Pauline ●   ● adore ●   ● les musées.
Vincent ●   ● aime ●   ● les araignées.
Claire ●   ● n'aime pas ●   ● la musique.
                    ● déteste ●   ● les animaux.

2. Exprime tes goûts. Utilise les étiquettes.

[aime]   [adore]   [n'aime pas]

astuce
mais = une idée contraire

Moi, ...
mais ....

La négation > 📖 Livre élève p. 40

1. Regarde le tableau et souligne la forme correcte.

a. J'aime / Je n'aime pas la musique.
b. J'aime / Je n'aime pas les musées.
c. J'aime / Je n'aime pas les animaux.
d. J'aime / Je n'aime pas dessiner.
e. J'aime / Je n'aime pas danser.

| ♥ | la musique | danser | |
| ✗ | les musées | les animaux | dessiner |

2. Regarde les images et écris deux phrases négatives.

....
....
....

UNITÉ 3

3 J'adore !

1. 🎧 32 **Écoute et coche.**

	je	j'	ne	n'	le	l'
a.						
b.						
c.						
d.						
e.						

2. 🎧 33 **Écoute et complète. Puis, répète.**

………… est mon amie. Elle ………… appelle Julie.
Elle ………… est pas française. Elle est belge. Elle ………… aime pas son collège. Elle ………… a pas de chat mais elle a un chien.

3. **Présente un ami ou une amie et ses goûts. Enregistre-toi.**

4 C'est à toi !

1. **Lis les phrases.**
J'aime : mes amis, mon téléphone, les chats, le chocolat, la tour Eiffel, dormir, lire…
Je n'aime pas : la couleur bleue, la musique classique, les tortues, dessiner…

2. **Écris ton texte.**
J'aime : ………………………………………………………………………………………………
………………………………………………………………………………………………
Je n'aime pas : ………………………………………………………………………………………
………………………………………………………………………………………………

À DEUX **Créez un animal imaginaire avec deux animaux et écrivez trois phrases.**
Exemple : *Moi, j'aime les éléphants. Toi, tu aimes les oiseaux. C'est un éléphoiseau !*

…………………………………………………………………………
…………………………………………………………………………
…………………………………………………………………………

Pigeant d'Amélie Bonnet, osmosedigitale.fr

LEÇON 3 — PARLER DE SES LOISIRS

1 C'est qui ?

1. 🎧 34 Écoute et complète.

a.
C'est ....
Elle est en ....
Elle aime ....

b.
C'est ....
Il est en ....
Il aime ....

c.
C'est ....
Elle est en ....
Elle aime ....
de ....

astuce
aimer + [*le, la, les* ou *l'* + sport
         verbe à l'infinitif]

2. Présente-toi : ton prénom, ta classe, tes sports préférés.

....
....

2 Tu aimes faire du sport ?

1. Trouve six sports dans la grille. Écris-les. Puis, complète avec *le, la, les* ou *l'*.

1. .... 4. ....
2. .... 5. ....
3. .... 6. ....

```
F S K I N E O V A P
O C O U A U R I E R
O O V A T D U T C D
T R R D A N S E Q E
B Y O P T D S N U S
A S P A I U Y N I P
L G R I O F E A L E
L O N Y N I I E U V
I N K P T E N N I S
S K A T E B O A R D
```

2. Complète les phrases avec les six sports.

astuce
• *de la* + nom féminin
• *du* + nom masculin

J'aime faire ....
Je n'aime pas faire ....

Les articles contractés (1) > 📖 Livre élève p. 44

1. Associe.

 J'aime faire

du • • escrime.
de la • • boxe.
de l' • • ski.
des • • matchs de football.

2. Remets les mots dans l'ordre.

a. du / faisons / Nous / tennis ➡ ....
b. Léo / de / peinture / fait / la ➡ ....
c. Ils / la / aiment / danse / de / faire ➡ ....

UNITÉ **3**

❸ Je fais du théâtre !

1. Lis la phrase à voix haute.

Je fais du théâtre !

astuce Pour *je*, pense au son de la mouche.

2. 🎧 35 **Tu entends le son [ʒ] ? Écoute et coche.**

	a.	b.	c.	d.	e.
oui					
non					

3. 🎧 36 **Écoute. Puis, lis ces virelangues.**
a. Jules et Julie font du judo.
b. Jeanne joue avec son chien, Jojo.
c. Jeudi, j'ai cours avec madame Georges.

❹ C'est à toi !

1. Regarde cette fiche et réponds à l'oral.
a. Il s'appelle comment ?
b. Quelle est sa profession ?
c. Quelle est sa nationalité ?
d. Il a quel âge ?
e. Il aime quel sport ?

Antoine Dupont
joueur de rugby
15 novembre 1996

2. Écris un texte pour présenter un sportif de ton pays.

....
....
....

EN GROUPES

1. Lancez deux dés.
2. Parlez de vos goûts.

Exemple : 1 et 6 →
J'aime la natation.
J'adore les ours
et les lapins mais
je déteste les oiseaux.

RÉVISE TON UNITÉ

grammaire

mémo

LES ARTICLES DÉFINIS (2)

Pour une chose ou une personne connues.

- *le* + nom masculin
  le chien
- *la* + nom féminin
  la chienne
- *les* + nom pluriel
  les chiens
- *l'* + nom avec voyelle ou *h*
  l'éléphant, l'hippopotame

LA NÉGATION

- *ne* + verbe + *pas*
  Je **ne** déteste **pas** les musées.
- *n'* + verbe avec voyelle + *pas*
  Je **n'**aime **pas** les musées.

LES ARTICLES CONTRACTÉS (1)

- *de la* + mot féminin
  Il fait **de la** natation.
- *du* + mot masculin
  Elle fait **du** football.
  (le football)
- *des* + mot pluriel
  Elle fait **des** matchs.
  (les matchs)
- *de l'* + mot singulier avec voyelle
  Elle fait **de l'**escalade.

1 Complète avec un article défini. ☆☆☆☆☆

a. J'aime .... sport.
b. Lucile adore .... musique classique.
c. Marie déteste .... matchs de football.
d. Stéphane aime .... escalade.
e. Moncef adore .... musées.

2 Réécris ces phrases avec la négation. ☆☆☆☆☆

a. Lio est américaine. ➡ ....
b. Elle a vingt ans. ➡ ....
c. Elle aime dessiner. ➡ ....
d. Elle déteste les chiens. ➡ ....
e. Elle skie le week-end. ➡ ....

3 Associe les étiquettes. ☆☆☆☆☆

du   de la   des   de l'

dessin   matchs   tennis   peinture   équitation

4 Conjugue. ☆☆☆☆☆

a. Mes amis (adorer) .... la peinture mais moi, je (détester) .... ça !
b. Nous (faire) .... de la natation le week-end et vous, vous (faire) .... quoi ?
c. Tu (regarder) .... un film avec moi ?

conjugaison

mémo

LES VERBES EN -ER

détest**er**, aim**er**, dessin**er**...
je détest**e**
tu détest**es**
il/elle détest**e**
nous détest**ons**
vous détest**ez**
ils/elles détest**ent**

FAIRE AU PRÉSENT

je fai**s**   nous fais**ons**
tu fai**s**   vous **faites**
il/elle/on fai**t** ils/elles f**ont**

Production orale

Regarde ces photos. Présente le garçon (prénom, âge, nationalité) et ses goûts.

UNITÉ 3

mémo

LES ANIMAUX
une araignée
un chat, une chatte
un cheval
un chien, une chienne
un éléphant
un lapin
un oiseau
un poisson
un tigre
une tortue

LES VERBES D'APPRÉCIATION
adorer ⎤
aimer ⎬ + *le, la, les* + *nom*
détester ⎦ + *verbe à l'infinitif*

LES LOISIRS
le chant
le dessin
le musée
la musique
la peinture
la photographie
le théâtre

LES SPORTS
le basket-ball
la danse
l'équitation
le football
la gymnastique
la natation
le skate-board
le ski
le tennis

LES VERBES DE LOISIR
chanter
danser
dessiner
écouter de la musique
nager
regarder un film
skier

1 Complète avec un nom d'animal. ☆☆☆☆☆

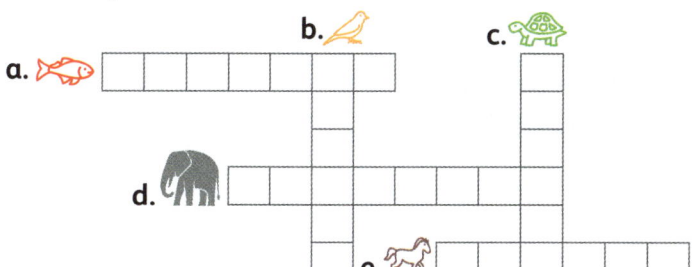

2 Associe une phrase à une photo. ☆☆☆☆☆

...... a. Julien fait de l'escalade.
...... b. Amélie fait de la peinture.
...... c. Sophie fait du football.
...... d. Louis fait de la musique.
...... e. Les filles dansent.

3 Écris le nom du sport. ☆☆☆☆☆

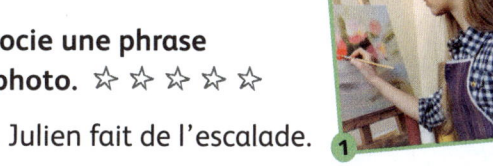

4 🎧 37 Écoute et complète les profils. ☆☆☆☆☆

	👍	👎
Sophie	chanter	....
Louis	....	....
Raphaël	....	....

Compréhension orale

🎧 38 **Écoute et complète.**

a. – Léo a quel âge ? – Il ....
b. – Il a des animaux ? – Oui, il ....
c. – Il fait du sport ? – Oui, il ....
d. – Il n'aime pas .... et ....

COMPLÈTE TA CARTE MENTALE

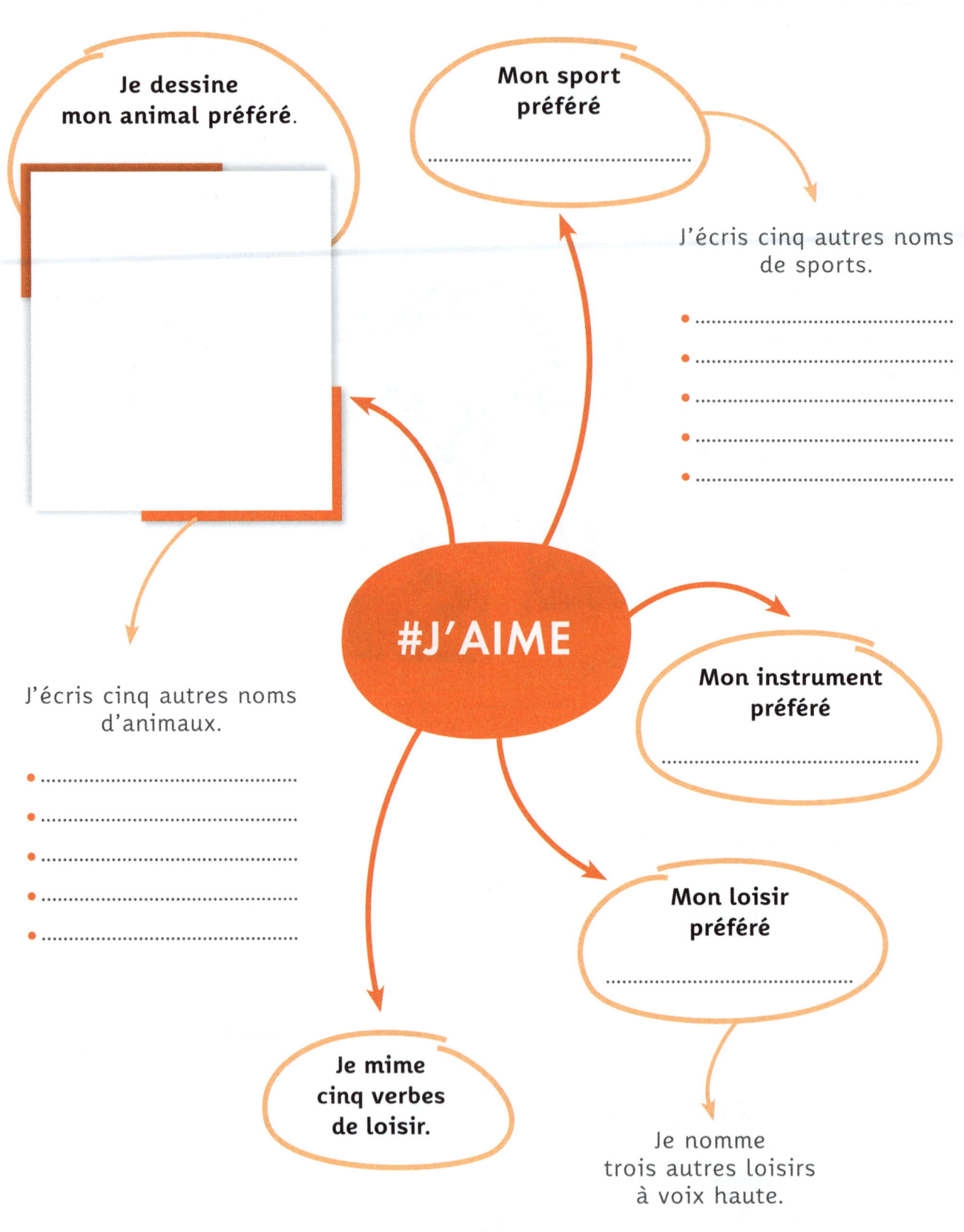

PRÉPARE LE DELF

Compréhension des écrits

Vous êtes en France. Vous cherchez une activité avec vos amis.

Danse
Niveau débutant. Cours tous les vendredis soir, entre 19 heures et 21 heures. 10 euros l'heure.

Équitation
Cours tous niveaux. Tous les dimanches, 120 euros l'année.

Football
70 euros l'année. Cours en salle, le mardi et le mercredi, de 18 h à 20 h.

Tennis
Le mardi et le jeudi après-midi. Inscription au 07 62 41 38 20.

Natation
Tous les mercredis matin, de 8 h 30 à 10 h 30. Apportez votre maillot de bain et des lunettes de natation !

1. Quelle activité coûte 10 euros le cours ?
   A. ☐ La danse.   B. ☐ La natation.   C. ☐ L'équitation.

2. Le week-end, vous faites…
   A. ☐ du tennis.   B. ☐ du football.   C. ☐ de l'équitation.

3. Le football finit à quelle heure ?
   A. ☐ À 18 heures.   B. ☐ À 20 heures.   C. ☐ À 21 heures.

4. Vous faites quel sport le jeudi ?
   A. ☐ Du tennis.   B. ☐ De la danse.   C. ☐ De la natation.

5. Combien coûte l'inscription au football ?
   A. ☐ 20 euros.   B. ☐ 70 euros.   C. ☐ 120 euros.

Production écrite

Vous êtes en vacances en France. Vous vous inscrivez au club de sport. Remplissez le formulaire.

```
PRÉNOM : ..............................     ÂGE : ..............................
ADRESSE : .............................    DATE DE NAISSANCE : ...............
CODE POSTAL : .........................
VILLE : ...............................    SPORTS PRÉFÉRÉS :
PAYS : ................................      • ...............................
TÉLÉPHONE : ...........................      • ...............................
```

trente-cinq 35

LEÇON 1 — PRÉSENTER SA FAMILLE

1 C'est ma famille !

1. Complète.

a. Jules est le .... de Louis.

b. Alice est la .... de Louis.

c. Marc et Audrey sont les .... de Louis.

d. Annie est la .... d'Audrey.

e. Philippe est le .... de Jules.

2. Réponds aux questions.

a. Qui sont les enfants de Marc et Audrey ? ....

b. Comment s'appellent les parents d'Audrey ? ....

c. Comment s'appellent les frères d'Alice ? ....

2 Tu fais quoi ce week-end ?

astuce
• *aller à* + ville
• *aller chez* + personne

1. 🎧 39 **Écoute et associe.**

Ils vont à ● — ● sa tante.

Louis va chez ● — ● ses grands-parents.

La sœur de Louis va à ● — ● Paris.

Alice va chez ● — ● Toulouse.

2. Complète.

a. Cet été, je vais à ....

b. Ce week-end, je vais chez ....

Est-ce que… ? Qu'est-ce que…? > 📖 Livre élève p. 54

Complète avec *est-ce que* ou *qu'est-ce que*.

astuce *qu'* + nom avec voyelle

– Louis, ... tu fais ce week-end ?

– Je vais à Paris avec ma famille.

– .... tu as des frères et sœurs ?

– Oui, j'ai un frère et une sœur. Ils s'appellent Jules et Alice.

– .... ils font ?

– Ils sont à l'école primaire.

– Super ! .... vous aimez aller à Paris ?

– Oui, on adore ! On va chez mes grands-parents et on visite la ville.

#FAMILLE • UNITÉ 4

3 Léa et sa famille

1.  **Écoute et barre les e muets.**
Exemple : *J'ai un frère.*

Je m'appelle Lucas. Dans ma famille, il y a ma mère, Charlotte, mon père, Damien, et ma grande sœur, Léa. Ma mère est architecte et mon père est journaliste. Il aime le foot et moi aussi !

2. **Réécoute et répète.**

4 C'est à toi !

Complète.

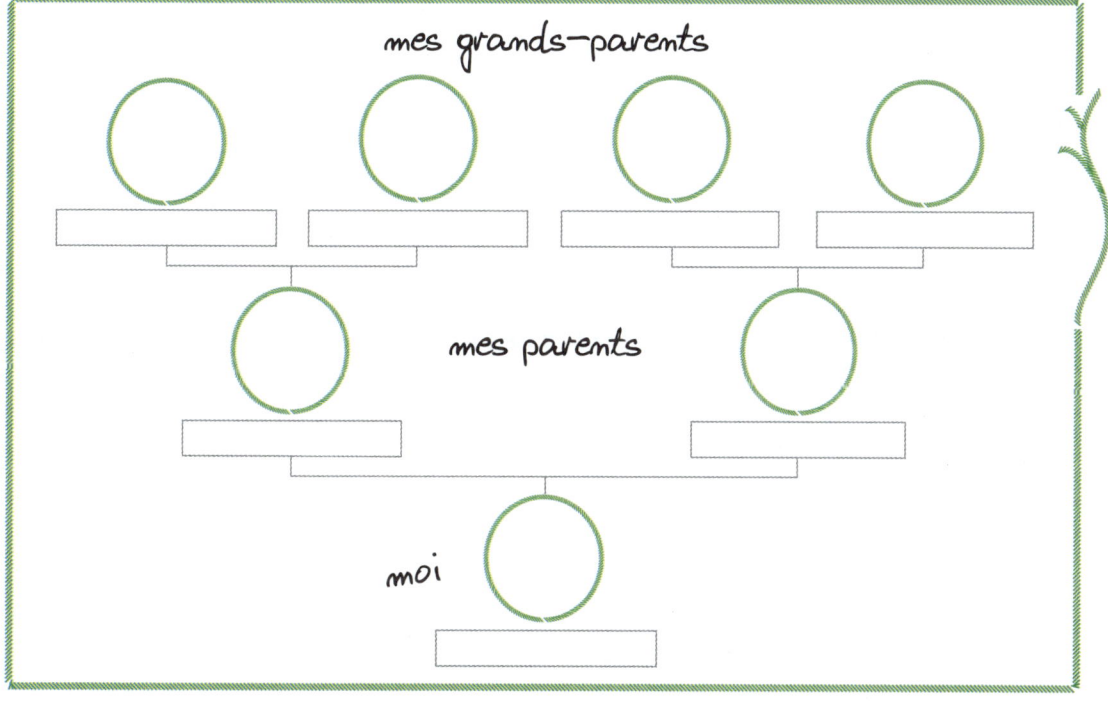

À DEUX

Trouvez les 7 différences !

trente-sept 37

LEÇON 2 — DÉCRIRE SES AMIS

1 Mes amis et moi…

1. 🎧 41 Écoute et complète.

Lola est .... Elle est .... et ....

Romain est .... Il est .... et ....

2. Trouve les points communs entre les quatre ados. Entoure Lola et Romain.

....
....
....
....

2 Qui a quel caractère ?

1. Trouve les adjectifs de caractère.

a. **B V R A D A** ....

b. **E U C S I R U E** ....

c. **L G I E N E T I N L T** ....

d. **S A P Y M** ....

2. Présente tes amis avec les quatre adjectifs de l'exercice 1.
Exemple : *sportive* ➡ *Ma meilleure amie, Sarah, est sportive.*

> **astuce** Adjectifs de caractère : masculin ≠ féminin.

a. ....
b. ....
c. ....
d. ....

Le genre et le nombre des adjectifs > 📖 Livre élève p. 54

1. Écris le féminin des adjectifs dans la grille.

a. sportif   c. gentil   e. curieux
b. amusant   d. sympa   f. bavard

le mot mystère :

2. Tu as quel point commun avec ton meilleur ami ?

Mon meilleur ami et moi, nous sommes ....

....

UNITÉ 4

3 Voici mon amie Laure !

1. 🎧 42 Écoute et écris le prénom des personnes sur la photo.

2. 🎧 43 Écoute. Tu entends le son /R/ dans quelle(s) syllabe(s) ?

Exemple : *caractère* ✓ ✓

a. ☐☐   d. ☐☐
b. ☐☐   e. ☐☐
c. ☐☐   f. ☐☐

4 C'est à toi !

Fais parler un personnage de ce tableau.
Il se présente, se décrit et dit ce qu'il aime.

Aristide Maillol, *Deux Jeunes Filles, printemps* (1890).

DÉTENTE

Regarde et écris les mots avec le son /R/.

....
....
....
....

LEÇON 3 — FAIRE LES MAGASINS

1 Tu portes quoi samedi ?

1. Remets les phrases dans l'ordre.

- ☐ – Voilà ! Vous voulez l'essayer ?
- ☐ – De quelle couleur ?
- ☐ – Oui, je cherche une robe pour une soirée.
- ☐ – Ça vous va très bien !
- 1 – Bonjour. Est-ce que je peux vous aider ?
- ☐ – Oui, merci.
- ☐ – Je voudrais une robe bleue.

2. 🎧 44 Écoute pour vérifier.

2 Quel est ton style ?

1. 🎧 45 Écoute et répète. Puis, écris la phrase pour chaque photo.

a. ....

b. ....

c. ....

2. Réponds.

a. Pour toi, quels vêtements sont chics ? ....
b. Quels vêtements sont confortables ? ....
c. Quel est ton vêtement préféré ? ....

Quel… ? > 📖 Livre élève p. 58

> **astuce** • nom masculin → *quel*
> • nom féminin → *quelle*
> • nom pluriel → + *s*

1. Souligne le bon mot.

a. Elle porte **quels** / **quelles** vêtements aujourd'hui ?
b. **Quel** / **Quels** est ton style vestimentaire ?
c. **Quel** / **Quelle** est ta couleur préférée ?
d. Tu fais **quel** / **quelle** taille ?
e. Léo porte **quels** / **quelles** chaussures ?

2. Complète avec *quel*, *quelle*, *quels* ou *quelles*.

a. Il porte .... lunettes ?
b. Vous voulez .... robe ?
c. Tu veux .... pull ?
d. Il veut essayer .... vêtements ?

UNITÉ 4

3 Elle veut une jupe ou un pull ?

1. 🎧 46 Écoute et colorie.

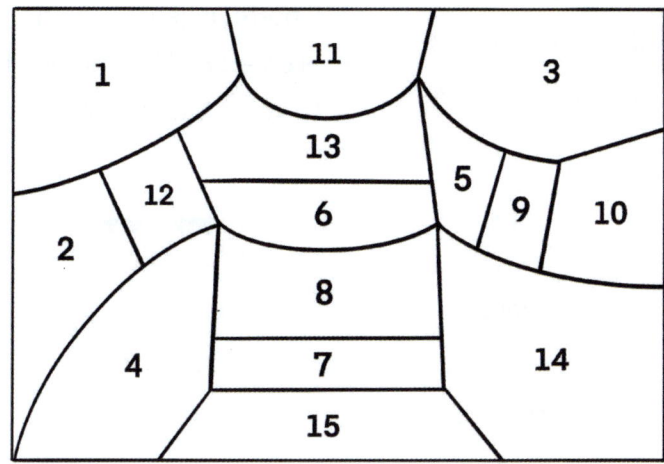

 = [y]

✏️ = [u]

Qu'est-ce que c'est ?

C'est ....

4 C'est à toi !

**Tu pars en week-end.
Il y a quoi dans ta valise ?**

Écris cinq objets
ou vêtements
et leur couleur.

DÉTENTE

À DEUX
Quel est le message ?

A = 1 * B = 2 * C = 3... * Z = 26

| 17-21-5-12-12-5 | 5-19-20 | 20-1 | 3-15-21-12-5-21-18 | 16-18-5-6-5-18-5-5 ? |
| .... | .... | .... | .... | .... |

Créez un message codé pour une personne de la classe.

quarante et un 41

RÉVISE TON UNITÉ

grammaire

mémo

EST-CE QUE... ?
QU'EST-CE QUE... ?

• **La réponse est *oui* ou *non*.**
– Est-ce que tu as un frère ?
– Oui, j'ai un frère.

• **La réponse est ouverte.**
– Qu'est-ce que tu aimes ?
– J'aime le tennis.

❗ *qu'* + mot avec voyelle
Est-ce qu'Arthur a une sœur ?
Qu'est-ce qu'il fait samedi ?

LE GENRE ET LE NOMBRE DES ADJECTIFS

• **masculin, féminin**
-e, -e → mince, mince
consonne, + -e → brun, brune
-on, -onne → bon, bonne
-eux, -euse → curieux, curieuse
-if, -ive → sportif, sportive

• **singulier, pluriel**
masculin, + s → brun, bruns
féminin, + s → brune, brunes
-x, -x → roux, roux

QUEL... ?

• ***Quel*** + nom masculin singulier
Tu portes quel pantalon ?

• ***Quels*** + nom masculin pluriel
Elle porte quels vêtements ?

• ***Quelle*** + nom féminin singulier
Vous voulez quelle taille ?

• ***Quelles*** + nom féminin pluriel
Il porte quelles chaussures ?

• ***Quel(le)(s)*** + *être* + nom
Quelle est ta couleur préférée ?

conjugaison

mémo

ALLER AU PRÉSENT

je vais	nous allons
tu vas	vous allez
il/elle/on va	ils/elles vont

VOULOIR ET POUVOIR AU PRÉSENT

je veux	je peux
tu veux	tu peux
il/elle/on veut	il/elle/on peut
nous voulons	nous pouvons
vous voulez	vous pouvez
ils/elles veulent	ils/elles peuvent

---

1 Associe pour former des questions. ☆☆☆☆☆

– Est-ce que • • tu aimes mon style ? – Oui.
– Est-ce qu' • • vous voulez ? – Des chaussures.
– Qu'est-ce que • • il porte un jean ? – Non.
– Qu'est-ce qu' • • elle veut ? – Une chemise blanche.
• tu vas à Marseille ? – Non.

2 Complète. ☆☆☆☆☆

	👨	👩👩
a.	gentil	....
b.	....	sportives
c.	curieux	
d.	sympa	....
e.	....	amusantes

3 Complète avec *quel, quelle, quels* ou *quelles*. ☆☆☆☆☆

a. .... est ta couleur préférée ?
b. Tu préfères .... vêtements ?
c. Tu fais .... taille ?
d. .... est ton style ?
e. Tu portes .... chaussures ?

4 Conjugue les verbes au présent. ☆☆☆☆☆

a. Qu'est-ce que vous (vouloir) .... ?
b. Tu (aller) .... où ce week-end ?
c. Est-ce que je (pouvoir) .... essayer ?
d. Je (aller) .... à Nice ce week-end.
e. Elle (vouloir) .... un pull bleu.

Compréhension écrite

Lis les descriptions et repère les personnages. ....

a. Enzo est petit et gros. Il est brun.
b. Marie est petite et brune. Elle est mince.
c. Monique est grande et rousse. Elle est jeune.
d. Johan est vieux, il a les cheveux gris.

UNITÉ 4

1 C'est qui ? ★★★★☆

a. Le frère de ma mère est mon ....
b. Mon père et ma mère sont mes ....
c. Le fils de mes parents est mon ....
d. La mère de mon père est ma ....
e. Ma tante est la .... de mon père.

2 Associe. ☆☆☆☆☆

Il est / **Elle est**

vieux — grosse — rousse — petit — grand

3 Complète les phrases. ★★★★☆

bavard — curieuse — sportifs — drôles — sportive

Mes deux meilleurs amis adorent le tennis : ils sont .... Moi, je ne suis pas très .... : je n'aime pas le sport. Paul est .... : il parle beaucoup. Et Maria est .... : elle aime comprendre. Ils sont .... On rit beaucoup tous les trois.

4 Trouve les vêtements. ★☆☆☆☆

Aujourd'hui, Lola porte une .... **JEPU** bleue, une .... **CEMHIES** blanche, son .... **ULPL** préféré et des .... **ABKSTSE** noires. Elle a des .... **TUELNETS** bleues.

Production écrite

Regarde le garçon et décris-le (physique, vêtements).

....
....
....
....

---

mémo — vocabulaire

LA FAMILLE
les parents : le père, la mère
les enfants : le fils, la fille
le frère, la sœur
l'oncle, la tante
les grands-parents :
le grand-père, la grand-mère

LA DESCRIPTION PHYSIQUE
beau, belle
blond(e) ≠ brun(e)
         ≠ roux, rousse
gros, grosse ≠ mince
jeune ≠ vieux, vieille
petit(e) ≠ grand(e)

LE CARACTÈRE
amusant(e)
bavard(e)
curieux, curieuse
drôle
gentil, gentille
sportif, sportive
sympa

LES VÊTEMENTS
des baskets (fém.)
des bottines (fém.)
des chaussures (fém.)
une chemise
un jean
un jogging
une jupe
des lunettes (fém.)
un pantalon
un pull
une robe
un tee-shirt

DES STYLES
C'est beau ! ≠ C'est moche !
C'est chic !
C'est confortable !
J'aime son style.
Ça te va (super) bien !

COMPLÈTE TA CARTE MENTALE

Dans ma famille, il y a:
- ....
- ....
- ....
- ....
- ....

Je me dessine.

Je fais ma description physique à voix haute.

#FAMILLE

Mon vêtement préféré
....

J'écris cinq autres noms de vêtements.
- ....
- ....
- ....
- ....
- ....

J'entoure mon style
chic
confortable
original

Mon caractère
Je suis ....
et ....

J'écris trois adjectifs sur le caractère d'un(e) ami(e).
- ....
- ....
- ....

PRÉPARE LE DELF

Compréhension de l'oral

 47 Vous allez entendre un message. Quels objets sont donnés dans le message ? Vous entendez le nom de l'objet ? Cochez oui. Sinon, cochez non. Puis vous allez entendre à nouveau le message. Vous pouvez compléter vos réponses.

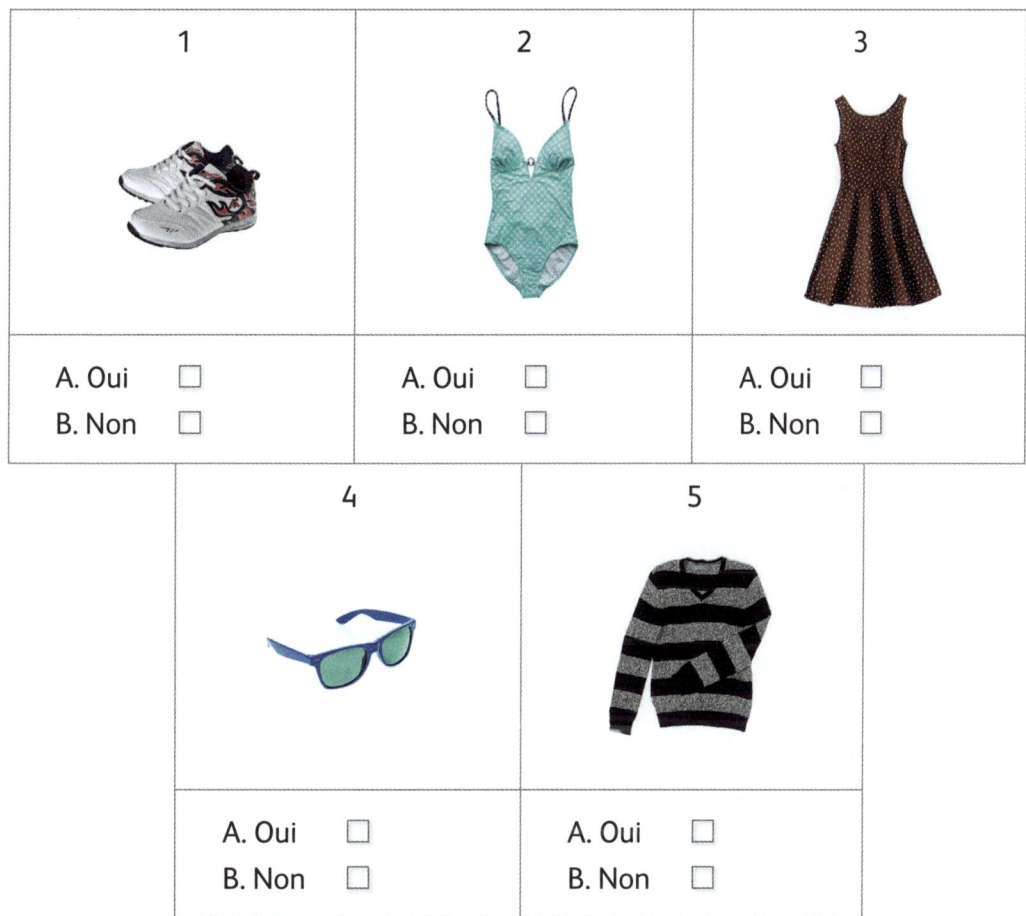

Production orale

- **Dialogue simulé**

Vous êtes en France. Vous voulez acheter des vêtements pour votre famille. Vous allez dans un magasin. Vous posez des questions sur les vêtements, les prix, les couleurs. Vous achetez deux ou trois articles.

LEÇON 1 — DIRE L'HEURE

1 On mange quoi ce midi ?

1. Regarde le document. À quelle heure est-ce qu'on déjeune dans chaque pays ?

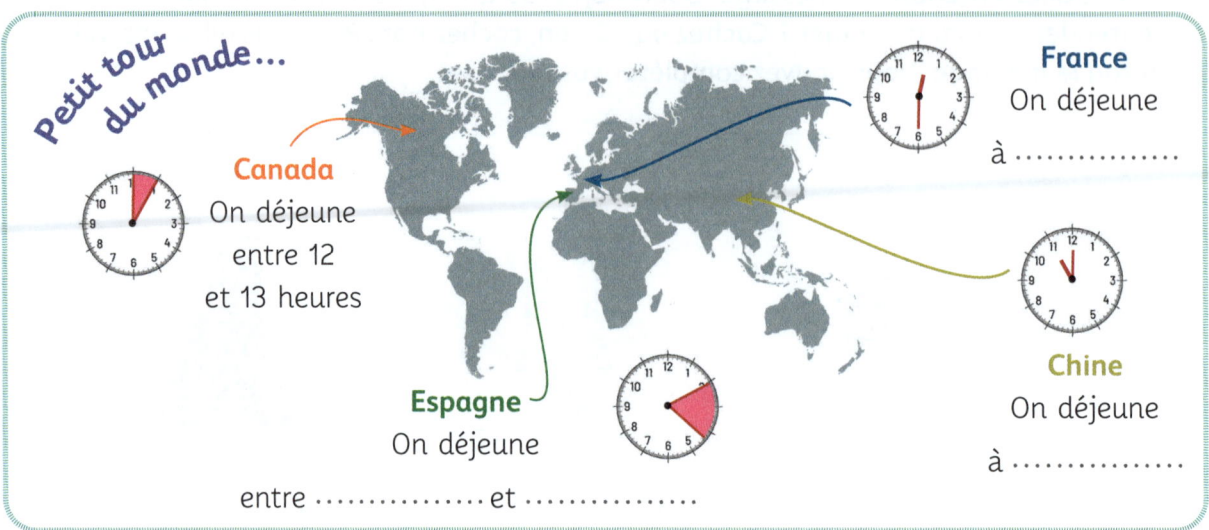

Petit tour du monde…

Canada — On déjeune entre 12 et 13 heures

Espagne — On déjeune entre …………… et ……………

France — On déjeune à ……………

Chine — On déjeune à ……………

2. Et chez toi ? Écris une réponse.

....

2 Sa routine quotidienne…

1. 🎧 48 Écoute et coche.

	VRAI	FAUX
a. Léa se lève à 7 heures.	☐	☐
b. Elle prend une douche le soir.	☐	☐
c. Après le collège, elle fait ses devoirs.	☐	☐
d. Le soir, elle joue à des jeux vidéo.	☐	☐
e. Elle dort à 20 heures.	☐	☐

2. Regarde les images. Décris la journée de Julien à l'oral.

7 h 30   7 h 45   8 h 00   8 h 15   17 h 30

Les adjectifs démonstratifs > 📖 Livre élève p. 68

1. Complète le tableau avec les mots : *pomme, légumes, commerce, été*.

ce	cet	cette	ces

astuce • *cette* = mot féminin
• *cet* = mot masculin avec voyelle

2. Souligne le bon mot.
a. **Cette / Cet** année, je suis au collège.
b. Tu préfères **ce / cet** poisson ou **cet / cette** viande ?
c. **Ce / Cet** astronaute part sur Mars.
d. C'est très facile de cuisiner **ce / ces** plats !

#FRIGO • UNITÉ 5

3 Il est quelle heure ?

1. 🎧 49 Écoute et note l'heure sur les cadrans.

a.   b.   c.   d.   e.

2. Réécoute et répète.

3. 🎧 50 Écoute et coche.

	a.	b.	c.	d.	e.	f.	g.	h.
J'entends [œ]								
Je n'entends pas [œ]								

4 C'est à toi !

Fais des photos, colle-les et présente les moments de ta journée. Écris les heures.

DÉTENTE

Journée difficile ?
Prends ton casque. Choisis une chanson.
Installe-toi confortablement.
Et laisse-toi porter par la musique…

LEÇON 2 — PARLER DE SON ALIMENTATION

1 Et toi, tu manges quoi ?

1. Le petit déjeuner — C'est le repas du matin, après le réveil.
a. ....
b. ....

2. Le déjeuner — C'est le repas du midi, à la cantine ou à la maison, entre 12 et 14 heures.
c. ....
d. ....

3. Le goûter — C'est le repas après le collège, ou à la pause, entre 16 et 17 heures. *un fruit*
e. ....

4. Le dîner — C'est le repas du soir, on est en famille à 20 heures.
f. ....
g. ....

1. Observe et nomme les quatre repas en France et leurs horaires.

2. Complète le document avec les étiquettes.

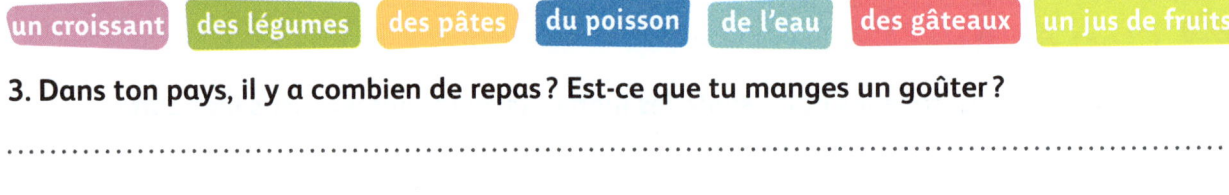

un croissant — des légumes — des pâtes — du poisson — de l'eau — des gâteaux — un jus de fruits

3. Dans ton pays, il y a combien de repas ? Est-ce que tu manges un goûter ?

....
....

2 Et eux, qu'est-ce qu'ils mangent ?

1. 🎧 51 Écoute. Qui mange quoi ? Colorie les aliments de chacun.

1 Julien — 2 Mathieu — 3 Alice

pizza — eau — poulet — fromage — frites — pomme — mousse au chocolat — yaourt — pâtes à la bolognaise — soda — salade — jus de fruits

2. Quel est ton repas préféré (plat, dessert, boisson) ? Enregistre.

astuce Le nom est masculin, féminin ou pluriel ?

Les partitifs > 📖 Livre élève p. 68

1. Associe.   ● du   ● de la   ● des   ● de l'

● salade   ● oignons   ● chocolat   ● fruits   ● eau   ● farine   ● œufs

2. Complète la liste de courses avec *du*, *de la*, *de l'* ou *des*.

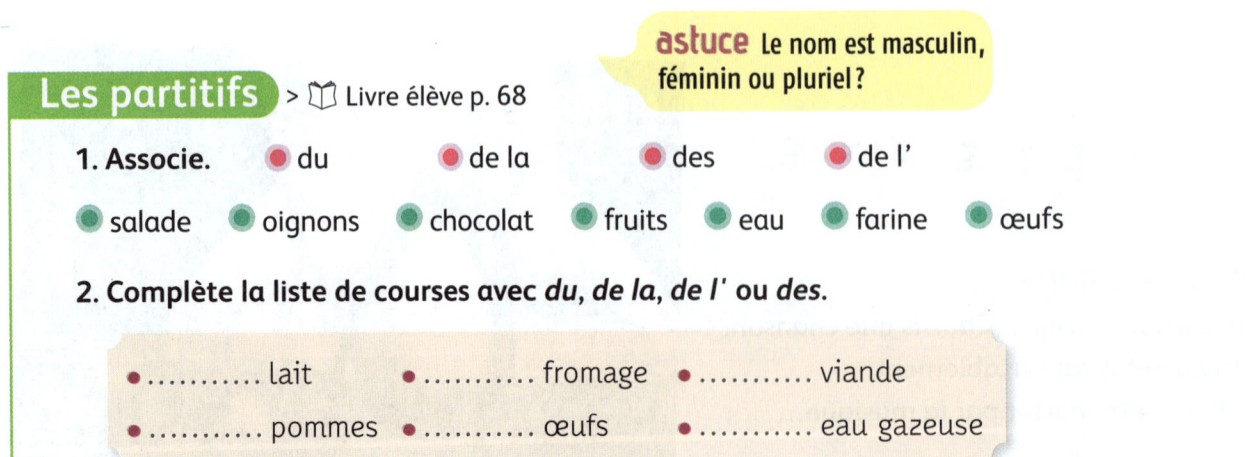

● .... lait   ● .... fromage   ● .... viande
● .... pommes   ● .... œufs   ● .... eau gazeuse

UNITÉ 5

3 Les sucettes de Zélie

1. 🎧 52 Écoute. Tu entends [s], [z] ou les deux ? Coche.

	a.	b.	c.	d.	e.	f.	g.	h.	i.
[s]									
[z]									

2. 🎧 53 Écoute et complète.

Dans cette .... de fruits, il y a des ....,

des ...., du .... et un peu de ....

3. Il y a quels fruits dans ta salade de fruits préférée ? ....

....

4 C'est à toi !

Tu connais Arcimboldo ? C'est un peintre italien. Il utilise des fruits, des légumes et des animaux dans ses tableaux.

Nomme les fruits et légumes du tableau.

Il y a ....

....

....

....

astuce Mets des articles devant les fruits et légumes.

Giuseppe Arcimboldo, *Vertumne* (1590).

Complète les dominos.

quarante-neuf 49

LEÇON 3 — FAIRE SES COURSES

1 On mange quoi ce soir ?

1. 🎧 54 **Écoute et coche les ingrédients de la mousse au chocolat.**

☐ farine ☐ sucre ☐ beurre ☐ lait
☐ chocolat ☐ pomme ☐ œufs ☐ banane

2. **Écris la liste des ingrédients pour faire ton dessert préféré.**

....

....

2 On fait des courses ?

1. **Associe chaque dialogue à un commerce.**

a. « Bonjour, monsieur. Je voudrais un kilo de viande hachée, s'il vous plaît. »

b. « Bonjour, madame, je voudrais un bouquet de fleurs, s'il vous plaît ! »

c. « Voilà vos croissants, vos pains au chocolat et votre baguette. Ça fait 6,50 euros, s'il vous plaît. »

2. **Écris un dialogue entre la cliente et la commerçante.**

....

....

....

....

Les quantités > 📖 Livre élève p. 72

1. **Associe.**

pomme de terre ● ● un peu de
œuf ● ● 1
lait ● ● cL (centilitre)
sel ● ● kg (kilogramme)

2. **Complète la recette du cake à la courgette avec les quantités.**

(200 g)   (10 cL)   (un peu d')   (trois)

Mélangez .... œufs avec .... de farine, de la levure et du fromage. Ajoutez .... huile et .... de lait. Ajoutez la courgette. Faites cuire 30 minutes au four.

UNITÉ 5

3 Dix oignons à trois euros !

1. 🎧 55 **Écoute et note les liaisons.**

– Bonjour, monsieur.
– Bonjour.
– Je voudrais deux ananas.
– Et avec ça ?
– Trois oranges.
– Voilà.
– Dix aubergines, et aussi six œufs.
– Ce sera tout ?
– Oui, merci.

2. À DEUX **Jouez le dialogue.**

4 C'est à toi !

1. Entoure plusieurs ingrédients pour créer ta pizza.

2. Écris les ingrédients. Pense à noter les quantités !

Dans ma pizza, il y a :
....
....
....
....

À DEUX **Vous avez trois minutes pour faire vos courses !**

Écrivez le nom de 15 aliments dans le caddie en 3 minutes.

cinquante et un 51

RÉVISE TON UNITÉ

grammaire

mémo

LES ADJECTIFS DÉMONSTRATIFS
- *ce* + nom masculin → ce midi
- ⚠ *cet* + nom masculin avec voyelle ou h → cet astronaute
- *cette* + nom féminin → cette publication
- *ces* + nom pluriel → ces photos

LES PARTITIFS
- *du* + nom masculin
Je mange du fromage.
- *de la* + nom féminin
Je mange de la salade.
- *de l'* + nom avec voyelle ou h
Je bois de l'eau.
- *ne… pas* + *de/d'*
Je ne mange pas de viande et je ne bois pas d'eau.

QU'EST-CE QUE ? QUOI ?
- La réponse est *oui* ou *non* :
Est-ce que + sujet + verbe ?
– Est-ce que tu manges du pain ?
- La réponse est ouverte :
Qu'est-ce que + sujet + verbe ?
= Sujet + verbe + *quoi* ?

Qu'est-ce que tu manges ?
= Tu manges quoi ?

⚠ deux verbes → *quoi* après le 2ᵉ verbe
Tu aimes manger quoi ?

LES QUANTITÉS
- (un) peu de… ≠ beaucoup de…
- un kilogramme (kg) de…
un gramme (g) de…
- un litre (L) de…
un centilitre (cL) de…
un millilitre (mL) de…

conjugaison

mémo

BOIRE ET MANGER AU PRÉSENT

je bois	je mange
tu bois	tu manges
il/elle/on boit	il/elle/on mange
nous buvons	nous mangeons
vous buvez	vous mangez
ils/elles boivent	ils/elles mangent

ACHETER AU PRÉSENT

j'achète	nous achetons
tu achètes	vous achetez
il/elle/on achète	ils/elles achètent

---

1 Complète avec *ce*, *cet*, *cette* ou *ces*. ☆☆☆☆☆

Pour faire …………… recette, c'est très facile. Il faut prendre …………… tomates, …………… aubergine, …………… poireau et …………… oignon.

2 Entoure le bon partitif. ☆☆☆☆☆

Pour faire ce gâteau, il faut **du / de la** farine, **des / de** œufs, **de l' / du** ananas, **de l' / du** beurre et un peu **de / du** sucre.

3 Écris en toutes lettres la quantité. ☆☆☆☆☆

a. (70 mL) …………………………………………… de lait
b. (250 g) …………………………………………… de viande
c. (2 kg) …………………………………………… de pommes de terre
d. (1 L) …………………………………………… d'eau
e. (80 cL) …………………………………………… d'huile

4 Conjugue au présent. ☆☆☆☆☆

a. – Tu (acheter) …………………… quoi ?
   – J'(acheter) …………………… les ingrédients pour ma recette.
b. Le matin, nous (manger) …………………… du pain et nous (boire) …………………… du lait.
c. Ils (manger) …………………… dans le salon le soir.

Compréhension orale

🎧 56 Écoute et réponds.

	Ils sont où ?	Ils achètent quoi ?
1	……………………	……………………
2	……………………	……………………
3	……………………	……………………

52 cinquante-deux

UNITÉ 5

1 Associe.

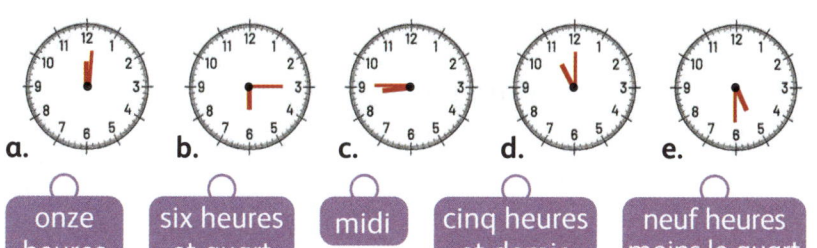

onze heures | six heures et quart | midi | cinq heures et demie | neuf heures moins le quart

2 Écris le nom des fruits et légumes.

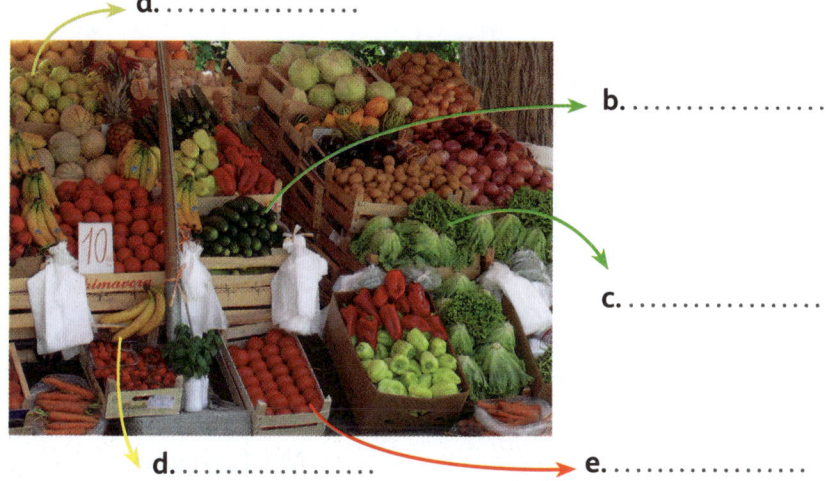

a. ....
b. ....
c. ....
d. ....
e. ....

3 Ils boivent quoi ? Complète.

a. Il boit de l' ....
b. Elle boit du ....
c. Il boit du ....
d. Elle boit du ....
e. Il boit de l' ....

4 Complète avec un nom de commerce.

a. À la ...., on achète des livres.
b. À la ...., on achète du pain.
c. À la ...., on achète de la viande.
d. Chez le ...., on achète des fleurs.
e. À la ...., on achète des gâteaux.

Production orale

Un ami français vient te voir dans ton pays. Présente-lui un repas traditionnel (plats, ingrédients, quantités, boissons).

mémo

L'HEURE
Il est sept heures.
Il est sept heures et quart.
Il est sept heures et demie.
Il est huit heures moins le quart.
De sept heures à huit heures…
Il est midi.
Il est minuit.

LES ALIMENTS (1)
le chocolat
les frites
le fromage
les fruits
(un ananas, une orange…)
un gâteau
les légumes
(un oignon, une salade…)
un macaron
un œuf
le pain
les pâtes (fém.)
la pizza
le poisson
le poulet
le riz
la viande

LES BOISSONS
l'eau (fém.)
le jus de fruits
le lait
le soda

LES ALIMENTS (2)
une aubergine
une banane
le beurre
un brocoli
un citron
une courgette
une crêpe
la farine
une poire
un poireau
une pomme
le raisin
le sucre

LES COMMERCES
la bijouterie
la boucherie
la boulangerie
l'épicerie (fém.)
le/la fleuriste
la fromagerie
la librairie
le/la marchand(e) de fruits et légumes
la pâtisserie
la poissonnerie

LES NOMBRES (3)
70 ▶ soixante-dix
71 ▶ soixante et onze
80 ▶ quatre-vingts
81 ▶ quatre-vingt-un
90 ▶ quatre-vingt-dix
91 ▶ quatre-vingt-onze
100 ▶ cent
101 ▶ cent un
200 ▶ deux cents
201 ▶ deux cent un
300 ▶ trois cents

COMPLÈTE TA CARTE MENTALE

Je prends mon petit déjeuner
à ....
Je déjeune
à ....
Je dîne
à ....

Je n'aime pas…
....

J'écris cinq autres noms d'aliments.
- ....
- ....
- ....
- ....
- ....

#FRIGO

J'écris cinq noms de commerces.
- ....
- ....
- ....
- ....
- ....

Ma boisson préférée
....

Je dessine mon gâteau préféré.

La liste de courses pour ce gâteau :
- ....
- ....
- ....
- ....

PRÉPARE LE DELF

Compréhension des écrits

Vous recevez ce message de votre ami belge.

Salut !
J'ai 11 ans le 17 mai et je fais une fête d'anniversaire chez moi le 20 mai. Je prépare un gâteau au chocolat car j'adore cuisiner ! Tu apportes un jus de fruits ? La fête commence à 14 heures et se termine à 17 heures. J'habite rue du Parc, à 2 minutes du collège. J'ai un super ballon de foot pour faire un match avec mon père !
Max

1. Max a quel âge ?
   A. ☐ 11 ans.   B. ☐ 13 ans.   C. ☐ 14 ans.

2. La fête se passe où ?
   A. ☐ Chez Max.   B. ☐ Au collège.   C. ☐ Dans un parc.

3. Vous apportez…

A. ☐    B. ☐    C. ☐

4. La fête commence à quelle heure ?
   A. ☐ À 10 heures.   B. ☐ À 14 heures.   C. ☐ À 17 heures.

5. Vous faites quelle activité ?

A. ☐

B. ☐

C. ☐

Production orale

• **Échange d'informations**

Vous voulez connaître l'examinateur. Vous lui posez des questions à l'aide des mots écrits sur les cartes. Vous ne devez pas obligatoirement utiliser le mot, vous pouvez poser une question sur le thème.
Exemple : avec la carte « Date de naissance », vous pouvez poser la question « Vous avez quel âge ? ».

(Aliments ?)   (Ville ?)   (Fruits ?)   (Anniversaire ?)   (Légumes ?)   (Chocolat ?)

LEÇON 1 — DIRE OÙ ON HABITE

1 J'habite…

Je m'appelle Vainui. J'habite à Tahiti, en Polynésie francaise. C'est une île dans l'océan Pacifique. Ma maison est sur pilotis. À l'intérieur, il y a un salon, une cuisine, deux chambres et une salle de bains.

1. Lis et réponds.

a. C'est quel logement ? ....

b. C'est où ? ....

c. Quelles sont les pièces de la maison ? ....
....

2. Tu es déjà allé(e) ou tu aimerais aller dans un logement insolite ? Décris-le.
....
....

2 Le plan de mon appartement

1. 🎧 57 Écoute et complète.

astuce adresse : numéro + rue + nom de la rue

Élise et sa famille habitent à ....
en .... dans un
.... près de la ....
Son adresse est le numéro ....
de la .... de l'Instruction.

couloir

entrée

2. Réécoute. Écris le nom des pièces de l'appartement d'Élise sur le plan.

Les articles contractés (2)   > 📖 Livre élève p. 80

1. Associe.

Je vais à la ● ● épicerie.
Vous allez aux ● ● toilettes ?
On va à l' ● ● numéro 6 de la rue Saxo.
Nous habitons au ● ● boulangerie.
Ils vont au ● ● supermarché.

astuce à l' + nom avec voyelle

2. Complète avec des noms de lieu.

a. J'aime aller ....

b. Je n'aime pas aller ....

#CHEZ MOI • UNITÉ 6

3 Un chalet à Chamonix…

1. 🎧 58 Écoute et écris les mots avec le son [ʃ].

....
....

2. Lis ce texte. Souligne les mots avec le son [ʃ].

Bienvenue chez moi ! J'habite à Chambéry. Notre chalet est petit mais très chouette. J'adore ma chambre. J'ai un chien et une perruche : c'est un oiseau, il chante beaucoup !

3. 🎧 59 Écoute et vérifie.

astuce son [ʃ]
Pense à *chut* !

4 C'est à toi !

1. Dessine le plan de ton logement.
2. Décris ton logement.

....
....
....
....
....
....
....

À DEUX

Regardez cette couverture de livre. C'est la chambre du peintre néerlandais Van Gogh. Cherchez les différences.

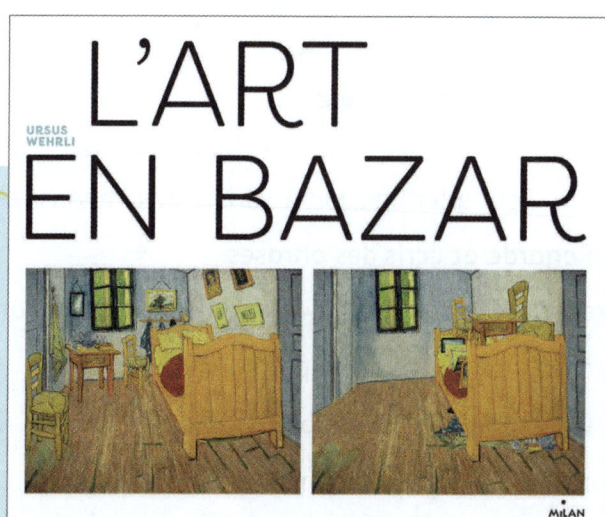

cinquante-sept 57

LEÇON 2 — ALLER EN VILLE

1 Tu aimes quels moyens de transport ?

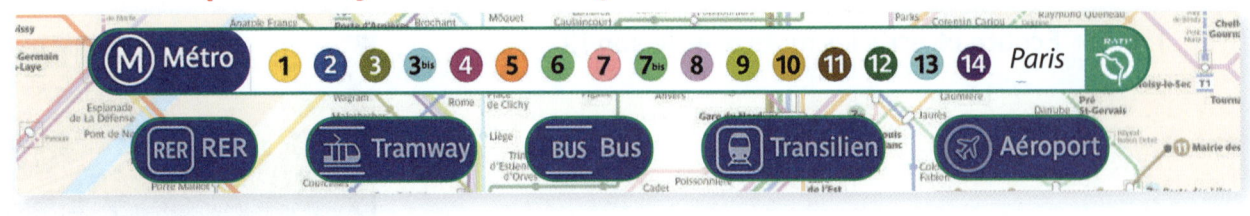

1. Regarde le document. Complète.

   a. La ville : ....

   c. Le nombre de lignes de métro : ....

   b. Les moyens de transport : ....

2. Dans la capitale de ton pays, il y a quels moyens de transport ?

   ....

2 On va en ville ?

1. 🎧 60 Écoute et écris deux phrases pour présenter ce moyen de transport.

   ....

   ....

   ....

2. Cherche et écris les huit moyens de transport cachés dans la grille. Ajoute un article défini (*le*, *la*).

   1. .... 4. .... 7. ....

   2. .... 5. .... 8. ....

   3. .... 6. ....

V	O	I	T	U	R	E
E	T	A	R	A	M	R
L	R	V	A	T	E	U
O	A	I	M	O	T	O
S	I	O	W	T	R	S
N	N	N	A	I	O	Y
B	U	S	Y	U	R	E

Les prépositions : *à*, *en* > 📖 Livre élève p. 80

astuce Les moyens de transport :
- fermés → *en*
- ouverts → *à*

1. Complète avec *à* ou *en*.

   Ils vont au collège .... bus. Moi, je viens .... vélo. Les Parisiens vont au travail .... métro. Pour aller de Lyon à Paris, nous venons .... train. Vous venez .... voiture ?

2. Regarde et écris des phrases.

   Exemple : Paris ✈️→ Londres : *Je vais de Paris à Londres en avion.*

   a. chez moi 🚶→ supermarché : ....

   b. Lyon 🚗→ Grenoble : ....

   c. collège 🚲→ cinéma : ....

UNITÉ 6

3 Vous venez en bus ou en voiture ?

1. 🎧 61 Écoute : tu entends [b] ou [v] ? Complète avec les mots.

[b]	....
[v]	....

2. Lis les phrases de plus en plus vite.
Vivien habite en ville. Barbara va à la bibliothèque en bus. À vélo, on va vite !

4 C'est à toi !

1. Regarde l'image.
Il y a quels transports
et quels bâtiments
dans cette ville du futur ?

....
....
....
....
....
....
....

> **astuce** J'aime
> + verbe à l'infinitif

2. Imagine une ville idéale. Qu'est-ce que tu fais dans cette ville ?

....
....
....

DÉTENTE

Fabrique un avion
en origami. Lance ton avion
le plus loin possible !

LEÇON 3 — INDIQUER SON CHEMIN

1 On fait quoi aujourd'hui ?

1. Regarde le document. Complète avec *à la* ou *au* + lieu.

C'est parti pour les vacances au parc Paul Mistral à Grenoble !

Cet été, on vous attend .... Pensez à votre **maillot de bain** !

Films en plein air Venez .... regarder un film, tous les mardis à 21 heures.

Entre amis ou en famille, venez .... pour découvrir **l'exposition d'art**. C'est gratuit !

Vous pouvez aussi venir .... pour **lire un livre** au soleil.

S'a[n]imer
10 juillet — 22 août
L'Été Oh! Parcs
PAUL-MISTRAL | CHAMPS-ÉLYSÉES | JEAN-VERLHAC
grenoble.fr/ete2021

2. Coche la bonne réponse.   VRAI   FAUX

a. Le musée coûte 3 €.   ☐ ☐
b. C'est ouvert du 10 juillet au 22 août.   ☐ ☐
c. Il y a des films tous les jours.   ☐ ☐
d. Je peux lire dehors.   ☐ ☐

3. Décris le programme de ta journée à Grenoble.

....

....

2 Pour venir chez moi, c'est facile !

🎧 62 Écoute et complète avec les verbes. Dessine les actions dans les cases.

« .... de la gare. 🚆

.... tout droit. ☐

.... à droite ☐ puis .... à gauche. ☐

Le musée est ici ! 🏛 »

L'impératif affirmatif   > 📖 Livre élève p. 84

1. Entoure les verbes à l'impératif.

Vous venez.   Sors du métro.   Allons en ville !   Ils vont au supermarché.
Va au musée.   Tourne à gauche.   Tu découvres Paris.   Visitez la tour Eiffel.

astuce impératif → pas de sujet.

2. Conjugue les verbes à l'impératif.

Salut Lisa. Pour aller à la piscine (prendre) .... le métro. (sortir) .... du métro à la station Belleville et (aller) .... tout droit.

3 Comment aller sur la Lune ?

1. Entoure les mots avec le son [ã].

pantalon   appartement   chambre   orange   enfant
bonbon   trente   boulangerie   éléphant   chien

2. 🎧 63 Écoute pour vérifier et répète.

3. Imagine un virelangue avec le son [ã]. Dis-le vite.

Exemple : *Jean mange une orange.*

4 C'est à toi !

1. Regarde ce plan. C'est où ?

....

2. Tu veux faire quelles activités dans cette ville ?

....
....
....
....

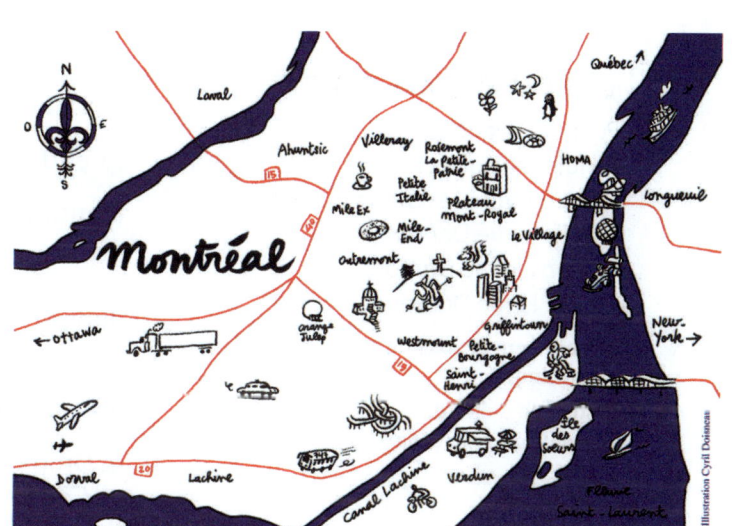

DÉTENTE

EN PETITS GROUPES

Jouez à *Jacques a dit* !

Ton voisin ou ta voisine donne des ordres à l'impératif.

Si tu entends *Jacques a dit*, fais l'action !

Exemple : *Jacques a dit lève la main.*

RÉVISE TON UNITÉ

grammaire

mémo

LES ARTICLES CONTRACTÉS (2)

- **à + la + nom féminin**
Je vais **à la** piscine.

- **au + nom masculin**
Nous habitons **au** numéro 52.

- **aux + nom pluriel**
Je vais **aux** toilettes.

❗ **à l' + nom avec voyelle**
Ils vont **à l'**école.

LES PRÉPOSITIONS : À, EN

Moyen de transport :
- **fermé → en**
Je viens **en** bus.

- **ouvert → à**
Tu viens **à** pied.

L'IMPÉRATIF AFFIRMATIF

Pour dire à quelqu'un de faire quelque chose.
→ Verbe au présent sans sujet
Pren**ds** la rue Danton.
Pren**ons** la rue Danton.
Pren**ez** la rue Danton.

❗ verbe en **-er** : pas de **-s** à la 2ᵉ pers. du sing.
Tourn**e** à droite.
Continu**e** tout droit.

1 Complète. ☆☆☆☆☆

a. Je vais .... bibliothèque.
b. Comment est-ce qu'ils vont .... collège ?
c. Tu vas .... école en tram ?
d. Nous n'allons pas .... musée.
e. Je peux aller .... toilettes ?

2 Associe. ☆☆☆☆☆

3 Conjugue à l'impératif. ☆☆☆☆☆

– Comment est-ce que je peux aller au stade, s'il te plaît ?
– (sortir) .... de la gare.
(prendre) .... la rue Molière.
(continuer) .... tout droit puis (tourner) .... à gauche. (aller) .... dans la rue Gambetta. Le stade est là !

4 Conjugue au présent. ☆☆☆☆☆

a. On (habiter) .... dans une maison à Lyon.
b. Vous (habiter) .... où ?
c. Tu (venir) .... comment au collège ?
d. Ils (prendre) .... à droite.
e. Je (prendre) .... la deuxième à gauche.

conjugaison

mémo

HABITER ET VENIR AU PRÉSENT

j'habit**e**	je vien**s**
tu habit**es**	tu vien**s**
il/elle/on habit**e**	il/elle/on vien**t**
nous habit**ons**	nous ven**ons**
vous habit**ez**	vous ven**ez**
ils/elles habit**ent**	ils/elles vienn**ent**

PRENDRE AU PRÉSENT

je prend**s**	nous pren**ons**
tu prend**s**	vous pren**ez**
il/elle/on prend	ils/elles prenn**ent**

Compréhension écrite

Écris le nom des personnes.
- Julien habite au numéro 27, au troisième étage.
- Louis habite au rez-de-chaussée, au numéro 29.
- Marie habite au numéro 29. Chez elle, il y a un balcon.
- Au premier étage, au numéro 27, il y a Mme Durand.

UNITÉ 6

vocabulaire

1 Devine et écris le nom des pièces. ☆ ☆ ☆ ☆ ☆

a. On dort dans ....
b. On fait à manger dans ....
c. On prend sa douche dans ....
d. On travaille dans ....
e. On regarde la télévision dans ....

2 Complète la grille avec des moyens de transport. Trouve le mot mystère. ☆ ☆ ☆ ☆ ☆

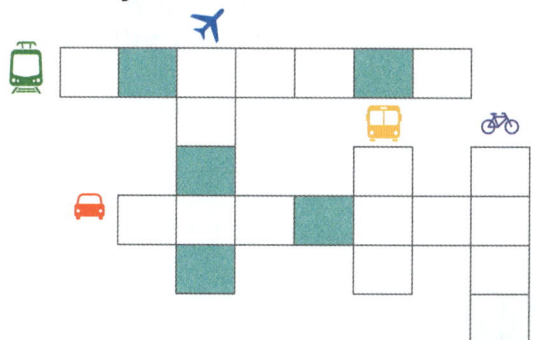

le mot mystère :

3 Complète les phrases avec un lieu. ☆ ☆ ☆ ☆ ☆

a. J'aime aller au .... pour voir des films.
b. Moi, je préfère nager à la ....
c. Avec ma sœur, nous adorons lire à la ....
d. Au ...., j'adore voir des expositions d'art !
e. Je vais à la .... pour prendre le train.

4 Associe. ☆ ☆ ☆ ☆ ☆

a.  b.  c.  d.  e.

Production écrite

Un(e) touriste visite ta ville. Présente ton lieu préféré pour l'aider. Explique pourquoi tu aimes ce lieu.

....
....
....

mémo

LES PIÈCES DE LA MAISON
le bureau
la chambre
la cuisine
la salle à manger
la salle de bains
le salon
les toilettes

LES LOGEMENTS
un appartement
un bateau / une péniche
un chalet
une maison

LES MOYENS DE TRANSPORT
l'avion (masc.)   le train
le bus   le tramway
le métro   le vélo
la moto   la voiture
à pied

LES NOMBRES ORDINAUX
premier, première
deuxième
troisième
quatrième
cinquième
sixième

LES LIEUX DE LA VILLE
la bibliothèque
le cinéma
la gare
l'hôtel (masc.)
le musée
le parc
la piscine
le restaurant
le stade

COMPLÈTE TA CARTE MENTALE

J'habite dans

un(e) ....
au .... étage.

Mon lieu préféré dans ma ville

....

J'écris le nom de cinq pièces d'une maison.

- ....
- ....
- ....
- ....
- ....

J'écris le nom de quatre autres lieux dans la ville.

- ....
- ....
- ....
- ....

#CHEZ MOI

Mon moyen de transport préféré

....

Mon activité préférée dans ma ville

....

Je vais au collège

à ....
ou en ....

J'écris cinq autres noms de moyens de transport.

- ....
- ....
- ....
- ....
- ....

PRÉPARE LE DELF

Compréhension de l'oral

🎧 64 Vous allez entendre un message. Quels moyens de transport sont donnés dans le message ? Vous entendez le nom d'un moyen de transport ? Cochez oui. Sinon cochez non. Puis vous allez entendre à nouveau le message. Vous pouvez compléter vos réponses.

1	2	3
A. Oui ☐ B. Non ☐	A. Oui ☐ B. Non ☐	A. Oui ☐ B. Non ☐

4	5
A. Oui ☐ B. Non ☐	A. Oui ☐ B. Non ☐

Production écrite

Vous écrivez une lettre à votre ami(e) français(e) pour l'inviter chez vous pendant les vacances. Vous parlez de votre logement et des activités à faire.

40 mots minimum

....
....
....
....
....

soixante-cinq 65

FAIS LE BILAN

1 **Complète ce dialogue.**

– Comment tu t'............................ ?

– Je m'............................ Léa.

– Tu .... quel âge ?

– J' .... 12 ans.

– Quelle est ta .... ?

– Je suis française.

2 **Lis les informations et écris cinq phrases pour présenter Léa.**

LÉA, 12 ans
Classe : 6ᵉ
Matière préférée : musique
Langues : français, anglais

....
....
....
....
....

3 **Associe.**

Dans la trousse de Léa, il y a…

des ciseaux   une règle   de la colle   une gomme   un stylo

a.   b.   c.   d.   e.

4 **Transforme, comme dans l'exemple.**

Dans la classe de Léa, il y a…   un élève japonais, ➪ une élève japonaise,

a. un élève colombien, ➪ une élève .... ,

b. un élève allemand, ➪ une élève .... ,

c. un élève américain, ➪ une élève .... ,

d. un élève belge, ➪ une élève .... ,

e. et un élève espagnol. ➪ et une élève ....

5 **Écris le nombre en toutes lettres, comme dans l'exemple.**

Dans le collège de Léa, il y a… 1 directeur ➪ un

a. 18 classes ➪ ....

b. 42 professeurs ➪ ....

c. 21 élèves par classe ➪ ....

d. 34 élèves étrangers ➪ ....

e. 11 matières scolaires ➪ ....

UNITÉS 1 ET 2

6 Trouve et écris cinq jours de la semaine.

....

....

....

L	O	S	T	U	D	E	V
E	M	A	R	D	I	R	A
L	R	M	A	T	M	U	J
O	A	E	M	O	A	O	J
S	I	D	W	T	N	S	E
N	N	I	A	I	C	Y	U
A	T	R	U	N	H	B	D
V	E	N	D	R	E	D	I

7 Complète.

a. L'automne, c'est .... saison.

Il y a quatre saisons : l'automne, l'été, ... et ....

b. Janvier, février, mars, ce sont .... mois.

Entre juillet et septembre, le mois s'appelle : ....

8 Regarde les photos et complète avec des adjectifs possessifs.

mon sac  le sac de Léa

• Dans mon sac, il y a .... deux stylos, ... cahier orange et mon carnet bleu et blanc.

• Dans .... sac, il y a .... crayons de couleur et .... agenda rose.

9 Lis les indices et entoure la future profession de Léa.

cuisinière   facteur   architecte   journalistes   serveuse

Le nom de la profession est au singulier.
Le nom de la profession est au féminin.
Le nom de la profession est identique au féminin et au masculin.

10 Léa a gommé des lettres. Réécris-les.

Dans ma clas...e, il y a dix gar...ons et dou...e fille....

J'ai hui... professeur... . Ma voisin... s'appelle Emma.

Elle es... américain... .

Vérifie les réponses p. 86 et compte (1 bonne réponse = 1 point).

 – de 30 points — Demande de l'aide à un(e) voisin(e) ou à ton prof !

entre 30 et 40 points — Continue d'avancer !

 + de 40 points — Bravo ! Aide ton voisin ou ta voisine.

FAIS LE BILAN

1 **Complète la présentation d'Arthur.**

Salut ! Je m'appelle Arthur.

Je ne suis pas petit, je suis ....

Je ne suis pas blond ou roux, je suis ....

J'aime parler : je suis ....

Je suis gentil : je suis ....

Je porte un .... bleu.

2 **Associe les réponses d'Arthur aux questions de Léa.**

a. Arthur, quel est ton animal préféré ? 　　1. Non, mais j'ai un frère.

b. Est-ce que tu fais du sport ? 　　2. Je fais du théâtre.

c. Quelles sont tes autres activités ? 　　3. Mon chien, Choco.

d. Est-ce que tu as une sœur ? 　　4. Il est amusant.

e. Et il est comment, ton frère ? 　　5. Oui, de la gymnastique.

3 **Regarde et écris cinq phrases sur les goûts d'Arthur. Utilise des verbes d'appréciation et des articles (*le, la, l'* ou *les*).**

a. ....

b. ....

c. ....

d. ....

e. ....

4 **Transforme comme dans l'exemple. Utilise la négation. Attention aussi au féminin de l'adjectif !**

Exemple : *Arthur est bavard.* ➡ *Manon **n'est pas** bavard**e**.*

a. Arthur est souriant. ➡ Manon ....

b. Arthur est mince. ➡ Manon ....

c. Arthur est brun. ➡ Les parents de Manon ....

d. Arthur est sportif. ➡ Manon ....

e. Arthur est curieux. ➡ Manon et sa mère ....

UNITÉS 3 ET 4

5 Écris le nom de l'animal, l'article (*le, la, l'* ou *les*) et la couleur.

a. .... c. .... e. ....
....

....
b.   d.
....

6 Regarde la photo. Entoure la réponse correcte.

a. Arthur fait : • **du** / de la / des sport.
• du / **de la** / des gymnastique.
• du / de la / **des** exercices.

b. Arthur porte : • des chaussures. / des bottines. / **des baskets**.
• une jupe. / **un short**. / un pantalon.

7 Complète la présentation de la famille d'Arthur.

André — Colette

Paul — Marie   Louis — Cécile

Arthur Jules   Valentine

a. Colette, c'est ma ....
b. Cécile, c'est ma ....
c. Valentine, c'est la .... de Louis et Cécile.
d. Paul, c'est mon ....
e. Jules, c'est mon ....

8 Complète et réponds aux questions d'Arthur.

a. – .... tu aimes faire ? – J'aime 🎧 ....
b. – .... est ton sport préféré ? – J'aime 🛹 ....
c. – .... tu aimes les lapins ? – Non, mais j'aime 🐈 ....
d. – Tu aimes .... vêtements ? – J'aime 👕 ....
e. – .... est ta couleur préférée ? – J'aime 🔴 ....

9 Aide Arthur à réviser ses verbes.

(détester) tu .... (faire) vous ....
(faire) nous .... (aller) tu .... (vouloir) ils ....

➔ Vérifie les réponses p. 86 et compte (1 bonne réponse = 1 point).

 – de 30 points
Demande de l'aide à un(e) voisin(e) ou à ton prof !

entre 30 et 40 points
Continue d'avancer !

 + de 40 points
Bravo ! Aide ton voisin ou ta voisine.

FAIS LE BILAN

1 Conjugue.

a. Élise (habiter) .... à Bruxelles.
b. Le matin, elle (venir) .... au collège en voiture.
c. Elle ne (prendre) .... pas le bus.
d. Le midi, elle (manger) .... à la cantine.
e. À la cantine, elle (boire) .... de l'eau.

2 Entoure la réponse correcte.

a. **Ce** / **Cette** / **Cet** soir, c'est l'anniversaire de sa mère.
b. Élise achète **du** / **de la** / **de l'** pain et **du** / **de la** / **de l'** viande rouge.
c. Dans le frigo, il y a **du** / **de la** / **de l'** ananas. Élise fait sa recette préférée : un wok de bœuf à l'ananas !
d. Sa mère aime beaucoup **ce** / **cette** / **cet** recette.

3 Associe.

Élise fait un gâteau pour l'anniversaire de sa mère. Voici sa liste de courses.

- un
- 120 g de
- 1 kg de
- un peu d'
- 20 cL de

- pommes
- œuf
- sucre
- lait
- huile

4 Complète avec des noms de commerce.

Pour l'anniversaire de sa mère, Élise achète du pain à la .... ,
un bijou à la .... , des fleurs chez le .... ,
un livre à la .... et des fruits chez le ....

5 Écris les noms des fruits au pluriel.

Élise achète des fruits. Elle achète des…

a. ....
b. ....
c. ....
d. ....
e. ....

6 Entoure et complète.

Pour faire ses courses, Élise va dans le centre-ville…

a. 🚲 **à** / **en** ....
b. 🚌 **à** / **en** ....
c. 🚶 **à** / **en** ....
d. 🚗 **à** / **en** ....
e. 🚊 **à** / **en** ....

UNITÉS 5 ET 6

7 Dessine les heures de l'emploi du temps d'Élise.
Aujourd'hui, Élise…
a. prend son petit déjeuner à six heures quarante-cinq.
b. va au collège à sept heures quinze.
c. prend son déjeuner à midi et demi.
d. fait ses devoirs à dix-sept heures.
e. prépare un gâteau à huit heures moins le quart.

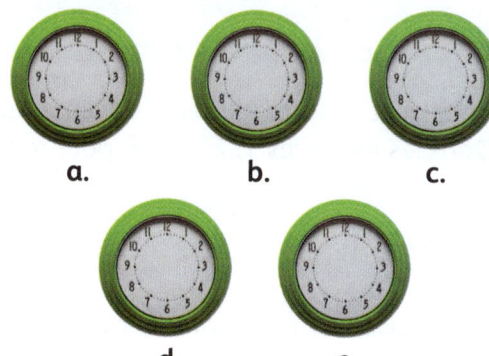

a.   b.   c.

d.   e.

8 Complète avec *à la* ou *au* et un lieu de la ville.
Le week-end, Élise…
a. va faire de la natation ....
b. va manger .... avec ses parents.
c. aime lire des livres ....
d. va voir une exposition ....
e. va voir un film ....

9 Regarde le plan de l'appartement de Virginie, l'amie d'Élise. Nomme cinq pièces.
a. un ....
b. une ....
c. une ....
d. une ....
e. des ....

10 Complète les indications pour aller chez Virginie.
a. .... du métro. (sortir, 2e personne du singulier)
b. .... à gauche. (tourner, 2e personne du pluriel)
c. .... tout droit jusqu'à la rue aux Fleurs. (continuer, 2e personne du singulier)
d. .... à droite. (prendre, 2e personne du pluriel)
e. .... l'ascenseur. (prendre, 2e personne du singulier)

Vérifie les réponses p. 86 et compte (1 bonne réponse = 1 point).

– de 30 points : Demande de l'aide à un(e) voisin(e) ou à ton prof !

entre 30 et 40 points : Continue d'avancer !

+ de 40 points : Bravo ! Aide ton voisin ou ta voisine.

ÉPREUVE BLANCHE DE DELF A1

Compréhension de l'oral

25 points

Vous allez écouter plusieurs documents. Il y a 2 écoutes.
Dans les exercices 1, 2, 3 et 5, pour répondre aux questions, cochez la bonne réponse.

Exercice 1

4 points

🎧 65 Lisez les questions. Écoutez le document puis répondez.

Vous entendez ce message sur le répondeur téléphonique.

1. Chloé fête… 1 point
   A. ☐ ses 11 ans   B. ☐ ses 12 ans.   C. ☐ ses 13 ans.

2. Vous avez rendez-vous où ? 1 point
   A. ☐ Au parc.   B. ☐ Chez Chloé.   C. ☐ Devant l'immeuble.

3. Chloé prépare… 1 point
   A. ☐   B. ☐   C. ☐

4. Lina apporte… 1 point
   A. ☐   B. ☐   C. ☐

Exercice 2

4 points

🎧 66 Lisez les questions. Écoutez le document puis répondez.
Vous êtes en France. Vous entendez l'annonce suivante à la radio.

1. Quel est l'âge minimum pour participer ? 1 point
   A. ☐ 10 ans.   B. ☐ 12 ans.   C. ☐ 14 ans.

2. Vous pouvez gagner un voyage pour aller où ? .... 1 point

A. ☐   B. ☐   C. ☐

3. Vous pouvez partir avec… .... 1 point

   A. ☐ vos amis.   B. ☐ votre classe.   C. ☐ votre famille.

4. Pour jouer, vous devez… .... 1 point

A. ☐   B. ☐   C. ☐

Exercice 3   4 points

🎧 67 **Lisez les questions. Écoutez le document puis répondez.**
Vous entendez ce message sur le répondeur téléphonique.

1. Arthur ne peut pas venir car il est… .... 1 point
   A. ☐ malade.   B. ☐ fatigué.   C. ☐ stressé.

2. Vous allez comment à la piscine ? .... 1 point
   A. ☐ En bus.   B. ☐ À pied.   C. ☐ En voiture.

3. Vous allez chez Arthur à quelle heure ? .... 1 point
   A. ☐ 11 heures.   B. ☐ 12 heures.   C. ☐ 13 heures.

4. Vous mangez… .... 1 point
   A. ☐ des pizzas.   B. ☐ des spaghettis.   C. ☐ des sandwichs.

ÉPREUVE BLANCHE DE DELF A1

Exercice 4
8 points

🎧 68 Vous allez entendre quatre petits dialogues correspondant à quatre situations différentes. Notez, sous chaque image, le numéro du dialogue qui correspond. Puis vous allez entendre à nouveau les dialogues. Vous pouvez compléter vos réponses. Regardez les images. Attention, il y a six images (A, B, C, D, E et F) mais seulement quatre dialogues.

Image A

Situation n°…

Image B

Situation n°…

Image C

Situation n°…

Image D

Situation n°…

Image E

Situation n°…

Image F

Situation n°…

Exercice 5
5 points

🎧 69 Vous allez entendre un message. Quels objets sont donnés dans le message ? Vous entendez le nom de l'objet ? Cochez oui. Sinon cochez non. Puis vous allez entendre à nouveau le message. Vous pouvez compléter vos réponses.

1	2	3	4	5
A. Oui ☐ B. Non ☐	A. Oui ☐ B. Non ☐	A. Oui ☐ B. Non ☐	A. Oui ☐ B. Non ☐	A. Oui ☐ B. Non ☐

Compréhension des écrits

25 points

Pour répondre aux questions, cochez la bonne réponse.

Exercice 1

6 points

Vous recevez ce message d'un ami belge. Lisez le document et répondez aux questions.

> Salut !
> Je vais au parc mercredi après les cours. Tu viens avec moi ?
> Je prépare des sandwichs et des sodas. Mon père fait des gâteaux, il adore cuisiner ! Après manger, on peut jouer au foot. Apporte ton ballon ! Ma mère vient nous chercher à 17 heures en voiture car j'ai cours de danse à 18 heures. Elle te ramène chez toi !
>
> Nino

1. Le rendez-vous est quel jour ? •1 point

   A. ☐ Lundi.   B. ☐ Mardi.   C. ☐ Mercredi.

2. Nino prépare… •1,5 point

   A. ☐   B. ☐   C. ☐

3. Vous devez apporter… •1,5 point

   A. ☐   B. ☐   C. ☐

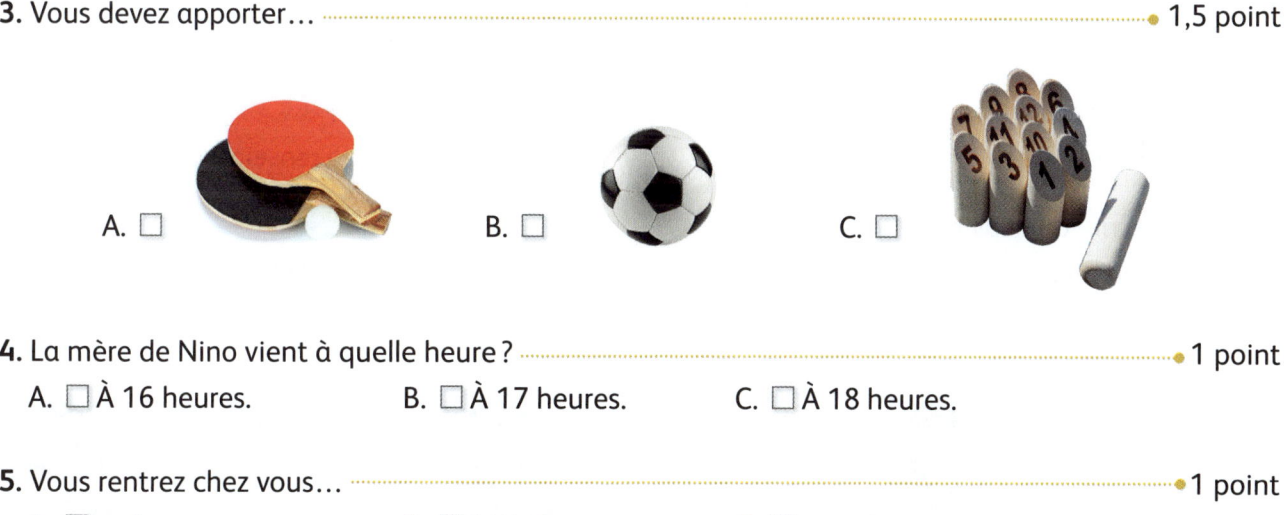

4. La mère de Nino vient à quelle heure ? •1 point

   A. ☐ À 16 heures.   B. ☐ À 17 heures.   C. ☐ À 18 heures.

5. Vous rentrez chez vous… •1 point

   A. ☐ en bus.   B. ☐ à pied.   C. ☐ en voiture.

ÉPREUVE BLANCHE DE DELF A1

Exercice 2 6 points

Vous êtes en vacances en France. Vous participez à une activité.
Lisez le document et répondez aux questions.

> **Sport en famille !**
>
> Dimanche 12 juin, de 11 h à 15 h,
> faites du sport avec l'association Amis du Sport.
>
> Balade à vélo dans la forêt de 11 h à 12 h
> et pique-nique. Prenez un sandwich !
>
> ➥ Inscriptions à amisdusport@gmail.com
>
> ↪ Sortez de la gare, prenez à droite
> rue de la Gare, tournez à gauche rue de la Forêt.
> Tournez à gauche dans la rue du collège.
> L'association est devant le collège !

1. Vous pratiquez du sport… .... 1 point

  A. ☐ avec vos amis.   B. ☐ avec votre famille.   C. ☐ avec votre classe.

2. L'activité sportive se termine à quelle heure ? .... 1 point

  A. ☐ À 11 heures.   B. ☐ À 12 heures.   C. ☐ À 14 heures.

3. Vous apportez… .... 1 point

  A. ☐ un vélo.   B. ☐ un sandwich.   C. ☐ une fiche de renseignements.

4. Pour s'inscrire à l'activité, il faut… .... 1 point

  A. ☐ téléphoner.   B. ☐ aller sur place.   C. ☐ écrire un courriel (e-mail).

5. Quel est le chemin ? .... 2 points

  A. ☐   B. ☐   C. ☐

Exercice 3

6 points

Vous êtes en vacances en France. Vous cherchez une activité à faire avec vos amis.
Lisez le document et répondez aux questions.

Tennis en salle	Cours de chant	À l'eau !
Cours pour débutants, le mardi de 13 heures à 14 heures. ➡ Inscriptions sur place.	Chansons : rock et moderne. ➡ Le samedi matin, de 10 h 30 à 12 heures.	Venez apprendre à nager. ➡ Tous les lundis soir, à partir de 19 h 30.

Atelier cuisine	Concert
Pour groupe de 5 personnes. Tous les mercredis après-midi. ➡ Inscriptions à cuisine@yahoo.fr	Groupes de jazz le jeudi après-midi. ➡ Plus d'information au 06 77 41 25 38

1. Vous pouvez faire quelle activité le mercredi ? .... 1 point
   A. ☐ Du chant.   B. ☐ De la cuisine.   C. ☐ De la natation.

2. Vous pouvez nager… .... 1,5 point
   A. ☐ à 10 h 30.   B. ☐ à 15 h 30.   C. ☐ à 19 h 30.

3. Le cours de chant est quel jour ? .... 1 point
   A. ☐ Mercredi.   B. ☐ Vendredi.   C. ☐ Samedi.

4. Pour demander des informations sur le concert, vous… .... 1 point
   A. ☐ téléphonez.   B. ☐ allez sur place.   C. ☐ écrivez un message.

5. Le cours de tennis commence à… .... 1,5 point
   A. ☐ 12 heures.   B. ☐ 13 heures.   C. ☐ 14 heures.

Exercice 4

7 points

Vous lisez cet article dans un journal francophone. Lisez le document et répondez aux questions.

Fête de la francophonie !

L'Alliance française organise le samedi 20 mars une journée spéciale francophonie.

▶ Au programme, atelier d'écriture à la médiathèque, de 10 heures à 12 heures. Déjeuner à la cafétéria avec spécialités du Bénin, préparées par notre chef et professeur monsieur Sabi.

▶ L'après-midi, atelier chansons francophones avec notre enseignante de chant et de français, madame Rosemary. Vous apprendrez les chansons du chanteur belge, Stromae.

▶ Le soir, concert à partir de 19 heures. Gratuit avec la carte jeune. Sans inscription.

1. Quelle activité faire le matin ? .... 1 point
   A. ☐ Atelier d'écriture.
   B. ☐ Cours de français.
   C. ☐ Préparation du repas.

2. Les activités commencent à quelle heure ? .... 1,5 point
   A. ☐ À 10 heures.
   B. ☐ À 12 heures.
   C. ☐ À 20 heures.

ÉPREUVE BLANCHE DE DELF A1

3. Vous mangez des plats de quel pays ? .... 1,5 point

    A. ☐ Du Bénin.   B. ☐ De la France.   C. ☐ De la Belgique.

4. Vous faites quelle activité l'après-midi ? .... 2 points

    A. ☐   B. ☐   C. ☐

5. Vous apportez quoi ? .... 1 point

    A. ☐ Votre passeport.   B. ☐ Votre carte jeune.   C. ☐ Votre fiche d'inscription.

Production écrite

Exercice 1   10 points

Vous êtes en vacances en Suisse.
Remplissez ce formulaire pour vous inscrire à un club de lecture.

```
PRÉNOM : ..............................         COURRIEL : ..............................
DATE DE NAISSANCE : ..............             TÉLÉPHONE : ..............................
NATIONALITÉ : ..........................       DATE : ....................................
ADRESSE POSTALE (NUMÉRO ET RUE) :              JOURS DISPONIBLES :
..................................................  • ..........................................
VILLE : ..................................     • ..........................................
```

Exercice 2   15 points

Vous organisez une sortie sportive avec vos amis. Vous écrivez un message à votre meilleur(e) ami(e) pour l'inviter. Vous lui donnez rendez-vous (date, lieu) et vous lui dites quoi apporter.
40 mots minimum

....
....
....
....
....

Production orale

25 points

- **Entretien dirigé** (1 minute environ)

Vous répondez aux questions de l'examinateur sur vous, votre famille, vos goûts ou vos activités.
Exemples : Comment vous vous appelez ? Quelle est votre nationalité ?...

- **Échange d'informations** (2 minutes environ)

Vous voulez connaître l'examinateur. Vous lui posez des questions à l'aide des mots écrits sur les cartes. Vous ne devez pas obligatoirement utiliser le mot, vous pouvez poser une question sur le thème.
Exemple : avec la carte « date de naissance », vous posez la question : « Vous avez quel âge ? ».

(Parc ?) (Bibliothèque ?) (Musée ?) (Cinéma ?) (Sport ?) (Danse ?)

- **Dialogue simulé** (2 minutes environ)

Vous jouez la situation proposée. N'oubliez pas de saluer et d'utiliser des formules de politesse.

Dans un club de vacances
Vous partez en voyage scolaire à Marseille. Vous posez des questions à votre professeur pour connaître les loisirs et les lieux à visiter.

U1 IMAGINE LA GÉOGRAPHIE... EN FRANÇAIS !

La géographie, c'est...

1. Regarde le magazine. Réponds.

a. Le magazine s'appelle comment ?
....

b. C'est pour qui ?
....

c. Notre planète, c'est quoi ?
....

d. Réécris les deux nationalités de la couverture.
....

e. Le Québec, c'est un pays ?
....

Aujourd'hui, on parle de continents et d'océans.

2. Écris sur la carte les noms des six continents et cinq océans.

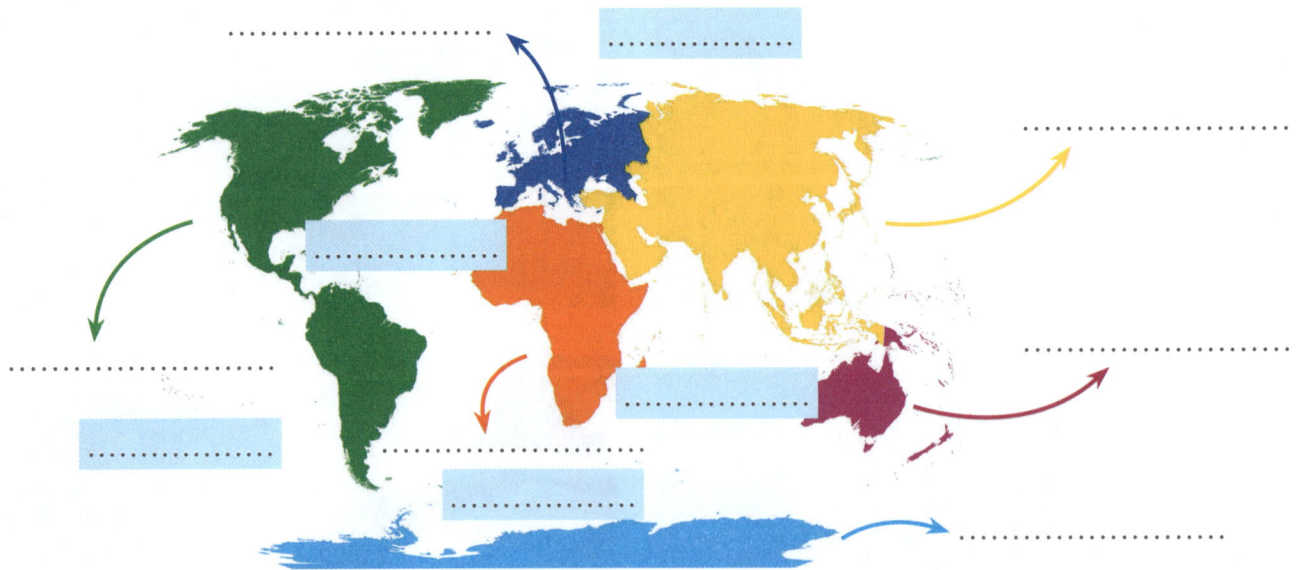

Et chez toi, c'est où ?

3. 🎧 70 Écoute. Trouve le nom du continent.

a. .... **b.** .... **c.** ....

4. Nomme un pays.

a. En Afrique : .... **b.** En Asie : ....

U2 IMAGINE LES ARTS PLASTIQUES... EN FRANÇAIS !

Les arts plastiques, c'est...

1. Regarde et associe.

(la sculpture) (la photographie) (la peinture) (l'architecture) (la bande dessinée) (la cinématographie)

Aujourd'hui, on parle d'une œuvre...

2. Regarde l'œuvre. Compte et nomme les couleurs.

....
....

3. Complète les informations. Cherche sur Internet.

TITRE : *Rythme n°3*   DATE : ....
ARTISTE : Robert Delaunay
DATE DE NAISSANCE : ....
LIEU DE NAISSANCE : ....
NATIONALITÉ : ....

... et d'une technique.

4. Fais un dessin à la manière de Robert Delaunay.

a. Trace une ligne pour séparer le rectangle en deux.
b. Choisis et dessine une forme. Reproduis-la plusieurs fois.
c. Ajoute des courbes ou des lignes.
d. Colorie.

U3 IMAGINE LES SVT... EN FRANÇAIS !

Les sciences de la vie et de la Terre (SVT), c'est…

1. Observe le livre. Décris :

Il y a ………………………………………………………………
………………………………………………………………
………………………………………………………………
………………………………………………………………

Aujourd'hui, on parle d'une classification…

2. Observe et classe ces animaux.

	yeux et bouche			
plumes	poils	nageoires	4 membres	8 pattes
………	………	………	………	………

… et d'une technique.

3. Regarde ces êtres vivants et coche.

	des yeux	des poils	des plumes	4 membres	6 pattes	une coquille
un chien						
une mouche						
une moule						

U4 IMAGINE LA LITTÉRATURE... EN FRANÇAIS !

La littérature, c'est...

1. Associe.

un genre	un(e) auteur(e)	une œuvre
la poésie	Maryse Condé	« La Cigale et la Fourmi »
le théâtre	Andrée Chedid	Le Petit Prince
le roman	Jean de La Fontaine	Le Malade imaginaire
le conte	Molière	Rêves amers
la fable	Antoine de Saint-Exupéry	« Nous allons »

Aujourd'hui, on parle de monstres...

2. Regarde et réponds.

a. C'est une œuvre littéraire ? ☐ Oui. ☐ Non.

b. Qui est l'auteur ? ....

c. Comment est le monstre ?

• Physiquement : ....

• Moralement : ☐ Amusant. ☐ Bavard. ☐ Triste.

d. Est-ce qu'il a des amis ?

....

Théo Mercier, *Le Solitaire* (2010) sculpture de 3 mètres (Musée d'art moderne de Paris).

... dans un roman.

3. Regarde le roman et lis.

Quasimodo est un personnage de *Notre-Dame de Paris* (1831), le roman de Victor Hugo. Le monstre habite et travaille dans la cathédrale de Paris. Il est **bossu**. Il n'est pas beau mais il est gentil.

4. Présente un monstre gentil à l'oral. Enregistre ta présentation.

U5 IMAGINE LES MATHS... EN FRANÇAIS !

Les mathématiques, c'est...

1. Regarde cette photo.

a. C'est quoi ? ....

b. Écris les chiffres en lettres.

....

....

....

c. Complète :

+ ➜ une addition

− ➜ une ....

x ➜ une ....

÷ ➜ une ....

Aujourd'hui, on parle de recette mathématique...

2. Regarde la photo. Pour faire des madeleines (les gâteaux), on utilise quoi ? Complète.

Du lait, de la levure, de la vanille, ...

....

....

3. Calcule.

Pour 20 madeleines :

œufs ➪ 6 ÷ 2 = ...

farine ➪ 5 x 30 = ... g

sucre ➪ 0,117 kg = ... g

beurre ➪ 8 + (10 x 7) = ... g

levure ➪ 9 − (1,5 x 2) = ... g

sel ➪ 1 ÷ 1 = ... g

... et de problèmes !

4. Lis et calcule.

Tu fais des madeleines pour la classe.

Vous êtes 19 élèves. Il y a aussi le professeur.

Compte trois madeleines par personne. Calcule !

....

....

....

U6 IMAGINE L'HISTOIRE… EN FRANÇAIS !

L'histoire, c'est…

1. Associe.

une date ● ● Louis XVI

un événement ● ● 1789

un personnage historique ● ● la révolution française

Aujourd'hui, on parle des villes gallo-romaines…

2. Regarde le plan et réponds.

a. C'est quand ?
....

b. C'est quelle période ?
....

c. C'est quelle ville ?
....

Plan d'Arles au IVᵉ siècle (reconstitution).

… et de leurs monuments.

3. Regarde ces photos. Associe une légende à une photo.

aqueduc à Nîmes   amphithéâtre à Arles   Arc de Triomphe à Paris

4. Colle une photo d'un monument historique de ta ville. Complète la fiche.

Nom : ....

Date de construction : ....

Époque : ....

quatre-vingt-cinq **85**

CORRIGÉS

Unité 1 Révise ton unité

Grammaire et conjugaison

Activité 1 .... p. 12

a. Je **b.** Elle **c.** Il **d.** Tu **e.** Ils

Activité 2 .... p. 12

a. suisse **b.** brésilien **c.** japonaise **d.** chinois
e. allemande

Activité 3 .... p. 12

C'est → une femme – une chanteuse
Il est → footballeur – serveur
Elle est → chanteuse

Activité 4 .... p. 12

– Il **s'appelle** Omar. C'**est** un acteur. Il est français. Et toi, tu **t'appelles** comment ?
– Je **m'appelle** Thibault.

Compréhension orale .... p. 12

1. Luciani — Clara — française — chanteuse
2. Gonzales — Fernando — chilien — serveur
3. Noack — Isabelle — américaine — journaliste

Vocabulaire

Activité 1 .... p. 13

12/10/2000 = date de naissance
belge = nationalité
PEETERS = nom (de famille)
Adam = prénom
Liège = ville de naissance
garagiste = profession

Activité 2 .... p. 12

la France   la Belgique   (le Mexique)
la Finlande   la Suisse

Activité 3 .... p. 13

a. photographe (en néerlandais) **b.** professeur (en espagnol) **c.** acteur (en italien)
d. journaliste (en portugais) **e.** garagiste (en anglais) **f.** facteur (en danois) **g.** joueur de football (en allemand) **h.** serveur (en japonais)
i. facteur (en chinois) **j.** cuisinier (en russe)

Activité 4 .... p. 13

a. douze **b.** treize **c.** quatorze **d.** seize **e.** dix-sept
f. dix-neuf **g.** vingt **h.** vingt-trois **i.** vingt-huit
j. trente

Production orale .... p. 12

Proposition de corrigé
Je m'appelle Natalia Lesktova. Je suis russe. Ma ville de naissance, c'est Saint-Pétersbourg. Ma date de naissance est le 13 décembre 2012.

Unité 2 Révise ton unité

Grammaire et conjugaison

Activité 1 .... p. 22

a. des **b.** un **c.** de **d.** une **e.** des

Activité 2 .... p. 22

a. matières **b.** cahier **c.** stylos **d.** voisin
e. tableaux

Activité 3 .... p. 22

a. C'est mon **cahier**.
b. Vous avez vos **livres** ?
c. Elles sont avec leurs **copines**.
d. C'est quoi, votre **matière préférée** ?
e. Tes copains sont dans ta **classe** ?

Activité 4 .... p. 22

a. Nous **parlons** anglais et espagnol.
b. Tu **as** ton livre de français ?
c. Le professeur **parle** avec l'accent canadien.
d. Vous **avez** français le lundi et le mercredi.
e. Elles **ont** un professeur de français.

Production écrite .... p. 22

Proposition de corrigé
a. J'ai 12 ans.
b. Je parle trois langues : l'espagnol, l'anglais et le français.
c. J'ai dix matières.
d. J'ai un sac.

86 quatre-vingt-six

Vocabulaire

Activité 1 .... p. 23

a. actrice b. compas c. un collège d. janvier
e. dimanche

Activité 2 .... p. 23

a. classe b. ciseaux c. samedi d. septembre
e. français

Activité 3 .... p. 23

48
soixante et un
42
cinquante-six
39

Activité 4 .... p. 23

le printemps ➜ avril – mai
l'été ➜ août
l'automne ➜ novembre
l'hiver ➜ janvier

Compréhension écrite .... p. 23

a. 12 ans b. lundi c. la technologie d. maths

Unité 3 Révise ton unité

Grammaire et conjugaison

Activité 1 .... p. 32

a. le b. la c. les d. l' e. les

Activité 2 .... p. 32

a. Lio n'est pas américaine.
b. Elle n'a pas vingt ans.
c. Elle n'aime pas dessiner.
d. Elle ne déteste pas les chiens.
e. Elle ne skie pas le week-end.

Activité 3 .... p. 32

du ➜ dessin – tennis
de la ➜ peinture
des ➜ matchs
de l' ➜ équitation

Activité 4 .... p. 32

a. Mes amis **adorent** la peinture mais moi, je **déteste** ça !
b. Nous **faisons** de la natation le week-end et vous, vous **faites** quoi ?
c. Tu **regardes** un film avec moi ?

Production orale .... p. 32

Proposition de corrigé
Il s'appelle Maël. Il a douze ans. Il est français. Il aime l'escalade et le tennis. Il adore son chat. Son chat s'appelle Tigrou. Il a un lapin noir.

Vocabulaire

Activité 1 .... p. 33

P	O	I	S	S	O	N		T		
		I						O		
		S						R		
E	L	E	P	H	A	N	T			
		A						U		
		U				C	H	E	V	A	L

Activité 2 .... p. 33

3 a. – 1 b. – 2 c. – 5 d. – 4 e.

Activité 3 .... p. 33

a. escalade b. natation c. tennis d. ski
e. football

Activité 4 .... p. 33

Sophie : chanter   danser
Louis : écouter   regarder
de la musique   des films
Raphaël : skier   nager

Compréhension orale .... p. 33

a. Il a douze ans.
b. Oui, il a un chien et un chat.
c. Oui, il fait du football.
d. Il n'aime pas les matchs et chanter.

CORRIGÉS

Unité 4 Révise ton unité

Grammaire et conjugaison

Activité 1 .... p. 42

– Est-ce que tu aimes mon style ? – Oui.
– Est-ce que tu vas à Marseille ? – Non.
– Est-ce qu'il porte un jean ? – Non.
– Qu'est-ce que vous voulez ? – Des chaussures.
– Qu'est-ce qu'elle veut ? – Une chemise blanche.

Activité 2 .... p. 42

a. gentilles **b.** sportif **c.** curieuses **d.** sympas
e. amusant

Activité 3 .... p. 42

a. Quelle **b.** quels **c.** quelle **d.** Quel **e.** quelles

Activité 4 .... p. 42

a. Qu'est-ce que vous **voulez** ?
b. Tu **vas** où ce week-end ?
c. Est-ce que je **peux** essayer ?
d. Je **vais** à Nice ce week-end.
e. Elle **veut** un pull bleu.

Compréhension écrite .... p. 42

a. 2 – **b.** 1. – **c.** 4 – **d.** 3

Vocabulaire

Activité 1 .... p. 43

a. oncle **b.** parents **c.** frère **d.** grand-mère
e. sœur

Activité 2 .... p. 43

Il est ➜ vieux – petit – grand
Elle est ➜ rousse – grosse

Activité 3 .... p. 43

Mes deux meilleurs amis adorent le tennis : ils sont **sportifs**. Moi, je ne suis pas très **sportive** : je n'aime pas le sport. Paul est **bavard** : il parle beaucoup. Et Maria est **curieuse** : elle aime comprendre. Ils sont **drôles**. On rit beaucoup tous les trois.

Activité 4 .... p. 43

Aujourd'hui, Lola porte une **jupe** bleue, une **chemise** blanche, son **pull** préféré et des **baskets** noires. Elle a des **lunettes** bleues.

Production écrite .... p. 43

Proposition de corrigé
C'est Tom. Il est grand et brun. Il porte un jean bleu, un pull rouge et des baskets rouges.

Unité 5 Révise ton unité

Grammaire et conjugaison

Activité 1 .... p. 52

Pour faire **cette** recette, c'est très facile.
Il faut prendre **ces** tomates, **cette** aubergine, **ce** poireau et **cet** oignon.

Activité 2 .... p. 52

Pour faire ce gâteau, il faut **de la** farine, **des** œufs, **de l'**ananas, **du** beurre et un peu **de** sucre.

Activité 3 .... p. 52

a. soixante-dix millilitres **b.** deux cent cinquante grammes **c.** deux kilos **d.** un litre
e. quatre-vingts centilitres

Activité 4 .... p. 52

a. – Tu **achètes** quoi ?
– J'**achète** les ingrédients pour ma recette.
b. Le matin, nous **mangeons** du pain et nous **buvons** du lait.
c. Ils **mangent** dans le salon le soir.

Compréhension orale .... p. 52

1. Boucherie • 200g de poulet
2. Boulangerie • une baguette et trois croissants
3. Marchand de fruits et légumes • 1kg de tomates et trois courgettes

Vocabulaire

Activité 1 .... p. 53

a. midi **b.** six heures et quart **c.** neuf heures moins le quart **d.** onze heures **e.** cinq heures et demie

Activité 2 .... p. 53

a. pommes b. courgettes c. salades d. bananes
e. tomates

Activité 3 .... p. 53

a. eau b. lait c. jus de fruits d. soda e. eau gazeuse

Activité 4 .... p. 53

a. librairie b. boulangerie c. boucherie
d. fleuriste e. pâtisserie

Production orale .... p. 53

Proposition de corrigé
Dans mon pays, au Mexique, on mange des *enchiladas*. C'est une tortilla (comme une crêpe) avec de la viande, du fromage, des tomates et des oignons. Pour faire 4 enchiladas : 300 grammes de viande de bœuf, 80 grammes de fromage, deux tomates et un oignon. On boit de l'*horchata*, une boisson traditionnelle avec du riz.

Unité 6 Révise ton unité

Grammaire et conjugaison

Activité 1 .... p. 62

a. à la b. au c. à l' d. au e. aux

Activité 2 .... p. 62

à ➜ pied – vélo
en ➜ voiture – bus – avion

Activité 3 .... p. 62

– Comment est-ce que je peux aller au stade, s'il te plaît ?
– **Sors** de la gare. **Prends** la rue Molière. **Continue** tout droit puis **tourne** à gauche. **Va** dans la rue Gambetta. Le stade est là !

Activité 4 .... p. 62

a. On **habite** dans une maison à Lyon.
b. Vous **habitez** où ?
c. Tu **viens** comment au collège ?
d. Ils **prennent** à droite.
e. Je **prends** la deuxième à gauche.

Compréhension écrite .... p. 62

Ø	
Julien	Marie
Mme Durand	Ø
Ø	27	Louis	29

Vocabulaire

Activité 1 .... p. 63

a. la chambre b. la cuisine c. la salle de bains
d. le bureau e. le salon

Activité 2 .... p. 63

le mot mystère : train

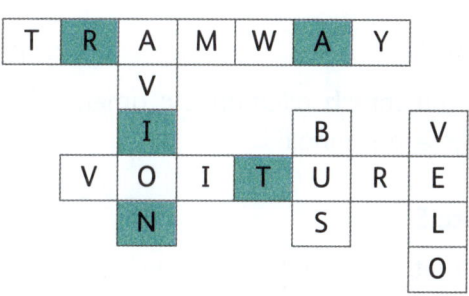

Activité 3 .... p. 63

a. cinéma b. piscine c. bibliothèque d. musée
e. gare

Activité 4 .... p. 63

a. une maison b. une péniche c. un chalet
d. des appartements e. une maison sur pilotis

Production écrite .... p. 63

Proposition de corrigé
Dans ma ville, j'adore aller au stade. C'est grand. J'habite à côté.
Le week-end, il y a mes amis. Ensemble, on joue au foot et on fait du skate-board.

CORRIGÉS

FAIS LE BILAN unités 1 et 2

Activité 1 .... p. 66

– Comment tu **t'appelles** ?
– Je m'**appelle** Léa.
– Tu **as** quel âge ?
– J'**ai** douze ans.
– Quelle est ta **nationalité** ?
– Je suis française.

Activité 2 .... p. 66

Elle s'appelle Léa. Elle a douze ans. Léa est en 6ᵉ. Sa matière préférée, c'est la musique. Elle parle français et anglais.

Activité 3 .... p. 66

a. une gomme b. un stylo c. une règle
d. des ciseaux e. de la colle

Activité 4 .... p. 66

a. colombienne b. allemande c. américaine
d. belge e. espagnole

Activité 5 .... p. 66

a. dix-huit b. quarante-deux c. vingt et un
d. trente-quatre e. onze

Activité 6 .... p. 67

MARDI – VENDREDI – SAMEDI – DIMANCHE – JEUDI

Activité 7 .... p. 67

a. L'automne, c'est **une** saison. Il y a quatre saisons : l'automne, l'été, le **printemps** et l'**hiver**.
b. Janvier, février, mars, ce sont **des** mois. Entre juillet et septembre, le mois s'appelle **août**.

Activité 8 .... p. 67

• Dans mon sac, il y a **mes** deux stylos, **mon** cahier orange et mon carnet bleu et blanc.
• Dans **son** sac, il y a **ses** crayons de couleur et **son** agenda rose.

Activité 9 .... p. 67

architecte

Activité 10 .... p. 67

Dans ma cla**s**se, il y a dix garçon**s** et douze fille**s**. J'ai hui**t** professeur**s**. Ma voisin**e** s'appelle Emma. Elle es**t** américain**e**.

FAIS LE BILAN unités 3 et 4

Activité 1 .... p. 68

Salut ! Je m'appelle Arthur.
Je ne suis pas petit, je suis **grand**.
Je ne suis pas blond ou roux, je suis **brun**.
J'aime parler : je suis **bavard**.
Je suis gentil : je suis **sympa**.
Je porte un **pull** bleu.

Activité 2 .... p. 68

a. 3 – b. 5 – c. 2 – d. 1 – e. 4

Activité 3 .... p. 68

a. Arthur adore les chiens.
b. Arthur n'aime pas lire.
c. Arthur aime la natation.
d. Arthur déteste les araignées.
e. Arthur n'aime pas chanter.

Activité 4 .... p. 68

a. Manon n'est pas souriante.
b. Manon n'est pas mince.
c. Les parents de Manon ne sont pas bruns.
d. Manon n'est pas sportive.
e. Manon et sa mère ne sont pas curieuses.

Activité 5 .... p. 69

a. les éléphants gris b. l'oiseau bleu c. le tigre orange d. la tortue verte e. les lapins violets

Activité 6 .... p. 69

a. du – de la – des b. des baskets – un short

Activité 7 .... p. 69

a. grand-mère

b. tante
c. fille
d. père
e. frère

Activité 8 .... p. 69

a. – **Qu'est-ce que** tu aimes faire ? – J'aime **écouter de la musique**.
b. – **Quel** est ton sport préféré ? – J'aime **le ski**.
c. – **Est-ce que** tu aimes les lapins ? – Non, mais j'aime **les chats**.
d. – Tu aimes **quels** vêtements ? – J'aime **les chemises**.
e. – **Quelle** est ta couleur préférée ? – J'aime **le rouge**.

Activité 9 .... p. 69

tu détestes – vous faites – nous faisons – tu vas – ils veulent

FAIS LE BILAN unités 5 et 6

Activité 1 .... p. 70

a. Élise **habite** à Bruxelles.
b. Le matin, elle **vient** au collège en voiture.
c. Elle ne **prend** pas le bus.
d. Le midi, elle **mange** à la cantine.
e. À la cantine, elle **boit** de l'eau.

Activité 2 .... p. 70

a. ce b. du – de la c. de l' d. cette

Activité 3 .... p. 70

un œuf – 120g de sucre – 1 kg de pommes – un peu d'huile – 20 cL de lait

Activité 4 .... p. 70

Pour l'anniversaire de sa mère, Élise achète du pain à la **boulangerie**, un bijou à la **bijouterie**, des fleurs chez le **fleuriste**, un livre à la **librairie** et des fruits chez le **marchand de fruits et légumes**.

Activité 5 .... p. 70

a. oranges
b. citrons
c. bananes
d. pommes
e. poires

Activité 6 .... p. 70

a. à vélo b. en bus c. à pied d. en voiture
e. en train

Activité 7 .... p. 71

a.   b.   c.
d.   e.

Activité 8 .... p. 71

a. à la piscine
b. au restaurant
c. à la bibliothèque
d. au musée
e. au cinéma

Activité 9 .... p. 71

un salon – une chambre – une cuisine – une salle de bains – des toilettes

Activité 10 .... p. 71

a. **Sors** du métro.
b. **Tournez** à gauche.
c. **Continue** tout droit jusqu'à la rue aux Fleurs.
d. **Prenez** à droite.
e. **Prends** l'ascenseur.

TRANSCRIPTIONS

Unité 0

Piste 2 Activité 1.1 .... p. 8
Bonjour – Bonsoir – Au revoir – Merci – Salut – Bonne nuit

Piste 3 Activité 2.1 .... p. 4
Bleu – Rose – Jaune – Blanc – Marron – Vert

Piste 4 Activité 3.1 .... p. 5
Je m'appelle KEVIN. K-E-V-I-N

Piste 5 Activité 3.2 .... p. 5
2-L-noir
2-O-noir
3-MN-noir
4-KLMNOP-noir
5-J-noir
5-Q-noir
5-KLMNOP-jaune
10-KL-gris
10-OP-gris

Unité 1

Piste 6 Activité 1.1 .... p. 6
a. Je m'appelle Anna.
b. Je m'appelle Thomas.
c. Je m'appelle Sofia.

Piste 7 Activité 1.2 .... p. 6
Et toi, tu t'appelles comment ?

Piste 8 Activité 3.1 .... p. 7
Les voyelles : A E I O U Y
Les consonnes : B C D F G H J K L M N P Q R S T V W X Z

Piste 9 Activité 3.3 .... p. 7
E accent aigu M I L I E
F R A N C cédille O I S E
C O accent circonflexe M E
M A E tréma 2 L E

Piste 10 Activité 4.2 .... p. 7
Bleu
Rouge
Jaune
Orange
Vert
Noir
Blanc
Rose
Marron
Gris

Piste 11 Activité 1.2 .... p. 8
Paris
Lille
Bordeaux

Piste 12 Activité 3.1 .... p. 9
a. Il s'appelle Thomas. Il est suisse.
b. Elle s'appelle Anna. Elle est belge.

Piste 13 Activité 3.2 .... p. 9
a. Il s'appelle Thomas.
b. Elle s'appelle Sofia.
c. Elle est belge.
d. Il est suisse.

Piste 14 Activité 3.1 .... p. 11
Il s'appelle Antoine de Saint-Exupéry.
Il est né le 29 juin 1900 à Lyon.
C'est un écrivain, un aviateur et un reporter français.

Piste 15 **Compréhension orale** .... p. 12
1. Elle s'appelle Clara Luciani, L U C I A N I. Elle est française. C'est une chanteuse.
2. Il s'appelle Fernando Gonzales, G O N Z A L E S. Il est chilien. C'est un serveur.
3. Elle s'appelle Isabelle Noack, N O A C K. Elle est américaine. Elle est journaliste.

Piste 16 Exercice 4 .... p. 13
a. douze
b. treize
c. quatorze
d. seize
e. dix-sept
f. dix-neuf
g. vingt
h. vingt-trois
i. vingt-huit
j. trente

Prépare le DELF

Piste 17 Exercice 1 .... p. 15
Radio Ado présente Lisa. Lisa est espagnole et habite en France, à Paris. Sa date de naissance est le 10 avril, elle a 12 ans. Lisa parle espagnol, français et un peu portugais. Son frère s'appelle Sergio, il a 16 ans. Sa date de naissance est le 3 juin. Il parle anglais et italien.

Unité 2

Piste 18 Activité 1 .... p. 16
Si je résume... On a deux anniversaires en janvier, les 12 et 23 janvier. C'est l'anniversaire de Leïla et Yanis. L'anniversaire de Coralie le 20 mars. En avril, il y a l'anniversaire de Louis le 5 et de Manon le 30. En mai, il y a Samir et Juliette, le 4 et le 16 mai. On a aussi deux anniversaires en juin, le 8, Évane et le 21, Antoine. C'est bien ça ?

Piste 19 Activité 3.1 .... p. 17
a. Elle a douze ans ?
b. C'est le professeur.
c. C'est ton joueur préféré ?
d. Ce sont des chanteurs.
e. Il a quel âge ?

Piste 20 Activité 3.2 .... p. 17
a. Il s'appelle Quentin.
b. Nous sommes dans la même classe.
c. Vous êtes anglais ?
d. La rentrée, c'est le 1er septembre.
e. Ton anniversaire, c'est le 3 mai ?

Piste 21 Activité 1 .... p. 18
a. Dans mon sac, il y a un classeur, une trousse, un livre et une gomme. Je suis…
b. Dans mon sac, il y a un stylo vert, un tube de colle, une règle et des livres. Je suis…
c. Dans mon sac, il y a un cahier, des ciseaux, un compas et des feutres. Je suis…

Piste 22 Activité 3.1 .... p. 19
a. un feutre
b. une gomme
c. une élève
d. un ami
e. un agenda

Piste 23 Activité 4.1 .... p. 19
Regarde, pour le cours d'histoire, le professeur a un classeur, un crayon, un stylo rouge et un cahier.

Piste 24 Activité 2 .... p. 20
– Oh la la !!! Mon emploi du temps… Le lundi maths, le mardi maths, le mercredi maths, le vendredi maths !
– Regarde ! Le jeudi tu n'as pas maths ! C'est ton jour préféré ?
– Non, mon jour préféré, c'est le mercredi : j'ai anglais et SVT.

Piste 25 Activité 3.1 .... p. 21
a. Marion
b. Léo
c. Mario
d. Simone
e. Ninon
f. Simon

Piste 26 Activité 3.2 .... p. 21
Léo et Léon sont beaux.
Mario et Marion sont sur un bateau.
Les beaux bonbons sont dans le pot.
Le bâton est sur le pont du bateau.

Unité 3

Piste 27 Activité 1.1 .... p. 26
Bienvenue au Bioparc de Doué-La-Fontaine. Aujourd'hui, nous découvrons la girafe africaine et le tigre indonésien.

Piste 28 Activité 2.1 .... p. 26
– C'est ton chat ?
– Oui.
– Han… Il est trop mignon. J'aime bien ses couleurs. Il s'appelle comment ?
– Tigre !
– Il a quel âge ?
– Trois ans. Et toi, tu as un chat ?
– Oui, regarde. Il s'appelle Zorro.
– Sympa, ta peluche !

Piste 29 Activité 3.1 .... p. 27
a. Il est au collège.
b. Léo a un chien et un chat.
c. J'aime… Mais ça, non !
d. Regarde le lapin !
e. Vendredi, le chat de mon voisin a 5 ans !

Piste 30 Activité 4.1 .... p. 27
1. L'ours
2. Le cheval
3. Le chien
4. L'oiseau
5. Le chat

Piste 31 Activité 2.1 .... p. 28
– Pauline, tu aimes les animaux ?
– Oui.
– Et toi, Vincent, tu aimes les araignées ?
– Non.
– Et toi, Claire, tu aimes les musées ?
– Non, je déteste les musées mais j'adore la musique !

Piste 32 Activité 3.1 .... p. 29
a. Je déteste les animaux.
b. Elle n'aime pas les chats.
c. J'aime bien les éléphants.
d. Je ne déteste pas le dessin.
e. J'adore l'ami de Léa.

Piste 33 Activité 3.2 .... p. 29
C'est mon amie. Elle s'appelle Julie. Elle n'est pas française. Elle est belge. Elle n'aime pas son collège. Elle n'a pas de chat mais elle a un chien.

Piste 34 Activité 1.1 .... p. 30
a. Bonjour, moi, c'est Jeanne. Jeanne, ça s'écrit J E A N N E. Je suis en 4e et j'aime la boxe.
b. Salut, moi, c'est Nathan, N A T H A N. Je suis en 6e et j'aime skier.
c. Et moi, c'est Manon, M A N O N. Je suis en 5e et j'adore faire de l'escalade.

TRANSCRIPTIONS

Piste 35 Activité 3.2 .... p. 31
a. Tu t'appelles comment ?
b. Tu as quel âge ?
c. C'est à la page 5 !
d. Tu aimes le judo ?
e. Oui, beaucoup !

Piste 36 Activité 3.3 .... p. 31
a. Jules et Julie font du judo.
b. Jeanne joue avec son chien, Jojo.
c. Jeudi, j'ai cours avec madame Georges.

Piste 37 Activité 4 .... p. 33
a. Bonjour, je m'appelle Sophie. Moi, je n'aime pas danser mais j'adore chanter.
b. Moi, c'est Louis. Je n'aime pas regarder des films mais j'aime bien écouter de la musique.
c. Et moi, c'est Raphaël. J'adore skier mais je déteste nager.

Piste 38 Compréhension orale .... p. 33
Je m'appelle Léo. J'ai 12 ans. Je suis en 5ᵉ. J'ai un chien marron et un chat blanc. Le week-end, je fais du football avec mes amis mais je n'aime pas les matchs. Je fais de la musique mais je n'aime pas chanter.

Unité 4

Piste 39 Activité 2.1 .... p. 36
Moi, c'est Louis. Ce week-end, je vais à Paris avec mes parents et mon frère. Nous allons chez mes grands-parents. Ma petite sœur Alice va à Toulouse, chez ma tante.

Piste 40 Activité 3 .... p. 37
Je m'appelle Lucas. Dans ma famille, il y a ma mère, Charlotte, mon père, Damien, et ma grande sœur, Léa. Ma mère est architecte et mon père est journaliste. Il aime le foot et moi aussi !

Piste 41 Activité 1.1 .... p. 38
Je te présente mes amis du collège ! Lola est super sympa. Je l'adore. Comme moi, elle est grande et rousse. Lui, c'est Romain. C'est mon meilleur ami. Il est blond. Il est sportif et amusant. On rigole beaucoup !

Piste 42 Activité 3.1 .... p. 39
Laure est grande, jeune et brune.
Pedro est brun et sportif.
Samir est grand et brun.
Rachel est petite et mince.
Zoé est petite, elle a un sac à dos.

Piste 43 Activité 3.2 .... p. 39
a. grande
b. brune
c. Pedro
d. sportif
e. Samir
f. Rachel

Piste 44 Activité 1.2 .... p. 40
– Bonjour. Est-ce que je peux vous aider ?
– Oui, je cherche une robe pour une soirée.
– De quelle couleur ?
– Je voudrais une robe bleue.
– Voilà ! Vous voulez l'essayer ?
– Oui, merci.
– Ça vous va très bien !

Piste 45 Activité 2.1 .... p. 40
C'est chic ! C'est sportif ! C'est confortable !

Piste 46 Activité 3.1 .... p. 41
1 : rouge – 2 : jouer – 3 : foot – 4 : amour – 5 : pull – 6 : jupe – 7 : musée – 8 : tortue – 9 : musique – 10 : roux – 11 : vous – 12 : peinture – 13 : amusant – 14 : vouloir – 15 : couleur

Prépare le DELF

Piste 47 Exercice 1 .... p. 45
Salut, c'est Lina ! Pour les vacances, on fait du sport ! Alors apporte des baskets, un jogging et un maillot de bain. Pense aussi à apporter une robe pour le concert ce week-end et un pull car il fait froid le soir. À bientôt !

Unité 5

Piste 48 Activité 2.1 .... p. 46
Je me lève à 7 heures. Je prends une douche et je prends mon petit déjeuner. À 8 heures, je vais au collège. Je finis le collège à 17 h 30. Je rentre chez moi, je fais mes devoirs puis je joue avec mon frère. Je dîne avec mes parents et mon frère à 20 heures puis je vais dormir. Et toi ?

Piste 49 Activité 3.1 .... p. 47
a. deux heures et quart
b. sept heures et demie
c. midi
d. cinq heures moins le quart
e. huit heures dix

Piste 50 Activité 3.3 .... p. 47
a. du beurre
b. un jeu
c. c'est l'heure !
d. une fleur
e. jeudi
f. ma sœur
g. un lieu
h. l'œuf

Piste 51 Activité 2.1 .... p. 48
– Moi, c'est Julien. Aujourd'hui, à la cantine je mange de la salade, de la pizza et un yaourt. Avec, je bois un soda.
– Je m'appelle Mathieu et je mange des pâtes à la bolognaise. C'est mon plat préféré. Et en dessert, du fromage et une

pomme. Je ne bois pas de soda. Je préfère l'eau. Et toi Alice ?
– Moi je bois du jus de fruits et je mange du poulet avec des frites. Et pour le dessert, une mousse au chocolat. J'adore le chocolat !

Piste 52 Activité 3.1 .... p. 49
a. un croissant
b. une cerise
c. de l'eau gazeuse
d. un citron
e. un zeste
f. la salade
g. un poisson
h. la pizza
i. un soda

Piste 53 Activité 3.2 .... p. 49
Dans cette salade de fruits, il y a des oranges, des ananas, du sucre et un peu de citron.

Piste 54 Activité 1.1 .... p. 50
– Pour ce soir, je vais faire une mousse au chocolat. Tu peux me lire la recette, s'il te plaît ?
– Alors, 4 œufs, 75 g de sucre, 125 g de chocolat noir et un peu de beurre.

Piste 55 Activité 3.1 .... p. 51
– Bonjour, monsieur.
– Bonjour.
– Je voudrais deux ananas.
– Et avec ça ?
– Trois oranges.
– Voilà.
– Dix aubergines, et aussi six œufs.
– Ce sera tout ?
– Oui, merci.

Piste 56 Compréhension orale .... p. 52
1. Bonjour madame. Il me faudrait 200 g de poulet, s'il vous plaît.
2. Bonsoir monsieur. Je voudrais une baguette et trois croissants, s'il vous plaît.
3. Voilà 1 kg de tomates et deux courgettes ! Bonne journée et à bientôt.

Unité 6

Piste 57 Activité 2.1 .... p. 56
J'habite à Bruxelles, en Belgique, avec mes parents et ma sœur. On habite dans un appartement moderne, près de la gare. C'est au numéro 73 de la rue de l'Instruction. Dans notre logement, il y a trois chambres à gauche. À droite, il y a un salon, une salle à manger et la cuisine. Au bout du couloir, il y a la salle de bains. J'aime beaucoup mon appartement.

Piste 58 Activité 3.1 .... p. 57
chambre, j'habite, péniche, chemin, chalet, chien, jardin, danser, chat

Piste 59 Activité 3.3 .... p. 57
Bienvenue chez moi ! J'habite à Chambéry. Notre chalet est petit mais très chouette. J'adore ma chambre. J'ai un chien et une perruche : c'est un oiseau, il chante beaucoup !

Piste 60 Activité 2.1 .... p. 58
– Aujourd'hui, je vais vous parler de moyens de transport originaux. Euh... Bonjour madame. Parlez-moi d'un moyen de transport original !
– Aux Pays-Bas, à Rotterdam, pour aller au centre-ville, on peut prendre un Amfibus.
– Un Amfibus ? Qu'est-ce que c'est ?
– C'est un bus normal mais il peut aussi aller sur l'eau !
– Génial !

Piste 61 Activité 3.1 .... p. 59
Salut ! Je m'appelle Vivien. J'habite à Bordeaux. Je vais en ville à vélo ou en bus. Je n'ai pas de voiture.

Piste 62 Activité 2 .... p. 60
Sors de la gare. Continue tout droit. Tourne à droite puis va à gauche. Le musée est ici !

Piste 63 Activité 3.2 .... p. 61
pantalon
appartement
chambre
orange
enfant
bonbon
30
boulangerie
éléphant
chien

Prépare le DELF

Piste 64 Exercice 1 .... p. 65
Coucou c'est Maxime, je pars en vacances chez mes grands-parents mardi avec mon frère. Mes parents nous accompagnent en bus jusqu'à l'aéroport. Après, on fait 2 heures d'avion et à Berlin, ma grand-mère vient nous chercher en voiture. Et toi, tu fais quoi pendant les vacances ?

Imagine… en français

Piste 70 Activité 3 .... p. 80
a. Mon pays, c'est le Brésil.
b. Mon pays, c'est l'Australie.
c. Mon pays, c'est la France.

Références des images

couverture Nikada - iStockphoto ; couverture Silke Woweries - Getty Images ; couverture Chris Rogers - Getty Images ; couverture zinkevych - stock.adobe.com ; 4 (h1) Good Studio - stock.adobe.com ; 4 (h2) blankstock - stock.adobe.com ; 4 (h3) appleuzr - iStockphoto ; 4 (h4) Arcady - stock.adobe.com ; 4 (h5) Good Studio - stock.adobe.com ; 4 (mm) gorgeouspic - iStockphoto ; 5 (b1) Rakdee - iStockphoto ; 5 (b2) rashadaliyev - stock.adobe.com ; 5 (b3) Yurii - stock.adobe.com ; 5 (b4) bubaone - iStockphoto ; 5 (b5) Puckung - stock.adobe.com ; 6 (hd) be free - stock.adobe.com ; 6 (hg) Anna Frank - iStockphoto ; 6 (hm) CactuSoup/Getty Images ; 7 Vector Tradition - stock.adobe.com ; 8 (hm) amine1976 - stock.adobe.com ; 9 (mg) Ihor - stock.adobe.com ; 9 (hd) Anna Frank - iStockphoto ; 9 (hg) CactuSoup/Getty Images ; 9 (mm) Graphi-Ogre/GéoAtlas ; 9 (bg) sdecoret - stock.adobe.com ; 10 (mg) scusi - stock.adobe.com ; 10 (mg) scusi - stock.adobe.com ; 10 (mg) Marc - stock.adobe.com ; 10 (mg) CoolVectorStock - stock.adobe.com ; 10 (mg) Marc - stock.adobe.com ; 10 (mg) Marc - stock.adobe.com ; 10 (a) F.Andrieu/AgencePeps/SIPA ; 10 (b) Danny Gys/Reporters/ABACAPRESS.COM ; 10 (c) Diggzy/Splash News/ABACAPRESS.COM ; 10 (d) Hosain Munawar/Startraks/ABACAPRESS.COM ; 10 (hd) Graphi-Ogre/GéoAtlas ; 11 (hd) Saint-Exupéry - Le Seigneur des sables, de Pierre-Roland Saint-Dizier - dessinateur Cédric Fernandez - Editions Glenat, 2014 ; 11 (mg) Roman Belogorodov/Alamy/hemis.fr ; 12 (mm) Ihor - stock.adobe.com ; 16 fstop123 - iStockphoto ; 17 (md) monkeybusinessimages - iStockphoto ; 17 (bd) fstop123 - iStockphoto ; 18 zinkevych - stock.adobe.com ; 19 (a) tigger11th - stock.adobe.com ; 19 (b) Akova - stock.adobe.com ; 19 (c) ksena32 - stock.adobe.com ; 19 (d) unclepodger - stock.adobe.com ; 19 (e) pixelrobot - stock.adobe.com ; 20 smth.design.stock.adobe.com 20 (ba) david_franklin - stock.adobe.com ; 20 (a - b - c) Inti St Clair - Getty Images ; 20 (ha-b-c) molotovcoketail - iStockphoto ; 20 (h) streptococcus - stock.adobe.com ; 20 (bb) sdecoret - stock.adobe.com ; 20 (bc) taddle - stock.adobe.com ; 20 (bd) Andrzej Tokarski - stock.adobe.com ; 20 (bd1) 5second - stock.adobe.com ; 20 (bd2) BillionPhotos.com - stock.adobe.com ; 20 rawpixel - 123rf ; 22 Ihor - stock.adobe.com ; 23 M. Schuppich - stock.adobe.com ; 26 (a) Fabian - stock.adobe.com ; 26 (b) Photos Passion - stock.adobe.com ; 26 (c) michagehtraus - stock.adobe.com ; 26 (d) gornostaj - stock.adobe.com ; 26 (md) Rittis - Shutterstock ; 27 (mm) Daniel Berkmann - stock.adobe.com ; 27 (bm) adogslifephoto - stock.adobe.com ; 28 (hd) © Thierry Hubin, IRSNB – Institut royal des Sciences naturelles de Belgique ; 28 (bd1) Sensay - stock.adobe.com ; 28 (bd2) kathomenden - stock.adobe.com ; 29 (bd) «Pigeant» de Amélie Bonnet - https://osmosedigitale.fr/ ; 29 (md) Daniel Berkmann - stock.adobe.com ; 29 (md) dubova - stock.adobe.com ; 29 (bg) reeel - stock.adobe.com ; 30 (c) Remains - iStockphoto ; 30 (b) ultramarinfoto - istockphoto ; 30 (a) urbazon - Getty Images ; 31 (md) Action Foto Sport/Alamy/hemis.fr ; 31 (mg) Graphi-Ogre/GéoAtlas ; 31 (bd) Chany167 - stock.adobe.com ; 31 (bd) karpenko_ilia - stock.adobe.com ; 31 (bd) Marc - stock.adobe.com ; 31 (bd) warmworld - stock.adobe.com ; 31 (bd) sljubisa - stock.adobe.com ; 31 (bd) jiaking1 - stock.adobe.com ; 31 (bd) jiaking1 - stock.adobe.com ; 31 (bd) Christos Georghiou - stock.adobe.com ; 31 (bd) goodvector - iStockphoto ; 31 (bd) Nataliia - stock.adobe.com ; 31 (bd) bortonia - iStockphot ; 31 (hm) Alexandra Gl - stock.adobe.com ; 31 LueratSatichob - iStockphoto ; 32 (b1) sewcream - stock.adobe.com ; 32 (b2) Africa Studio - stock.adobe.com ; 32 (b3) vvvita - stock.adobe.com ; 33 (mm) karpenko_ilia - stock.adobe.com ; 33 (1) Viacheslav Lakobchuk - stock.adobe.com ; 33 (2) Joe - stock.adobe.com ; 33 (3) wip-studio - stock.adobe.com ; 33 (4) Westend61 - Getty Images ; 33 (5) Goads Agency - stock.adobe.com ; 33 (h) Culomboio - iStockphoto ; 36 (hd) Georgijevic - iSockphoto ; 36 (md) Burocx - iStockphoto ; 37 (hd) golero - iStockphoto ; 38 (h1 - h2 - h3 - h4) Africa Studio - stock.adobe.com ; 39 (mg) Maillol, Aristide, "Deux jeunes filles, printemps" (Two girls, spring), c. 1890. AKG Images ; 39 (hd) Todor Tsvetkov - iStockphoto ; 40 (c) Pixel-Shot - stock.adobe.com ; 40 (b) ritaklimenko - stock.adobe.com ; 40 (a) K.Decor - stock.adobe.com ; 41 goir - stock.adobe.com ; 42 nadzeya26 - stock.adobe.com ; 43 Africa Studio - stock.adobe.com ; 45 (b1) nys - stock.adobe.com ; 45 (b2) Lubos Chlubny - stock.adobe.com ; 45 (b3) Magdalena - stock.adobe.com ; 45 (b4) Tomasz Warszewski - stock.adobe.com ; 45 (1) heinteh - stock.adobe.com ; 45 (2) Tania Zbrodko - stock.adobe.com ; 45 (3) Tarzhanova - stock.adobe.com ; 45 (4) _jure - stock.adobe.com ; 45 (5) gmstockstudio - stock.adobe.com ; 46 (h) Sunflower - stock.adobe.com ; 46 (hm) kazy - stock.adobe.com ; 46 (bg) matoommi - stock.adobe.com ; 46 (md) golero - Getty Images ; 47 (h) mevans - iStockphoto ; 47 NilsZ - stock.adobe.com ; 47 (b) martin-dm - iStockphoto ; 49 (mg) Arcimboldo, Giuseppe - « Vertumnus (empereur Rudolf II) », 1590. Monastère de Sko près d'Uppsala, collection du Baron R. von Essen - akg-images / Erich Lessing ; 49 (bd) Ansty art - stock.adobe.com ; 50 (hd) Pixel-Shot - stock.adobe.com ; 50 (mg) AlexanderNovikov - stock.adobe.com ; 50 (m1) Monkey Business - stock.adobe.com ; 50 (m2) Ingram / Photononstop ; 50 (m3) Henglein and Steets - www.agefotostock.com ; 51 (hd) Joel Carillet - iStockphoto ; 51 (mg) whitestorm - stock.adobe.com ; 51 (md) macrovector - stock.adobe.com ; 51 (bd) Кирилл Рыжов - stock.adobe.com ; 53 (hm) Sunflower - stock.adobe.com ; 53 (mm) berdoulat jerome - stock.adobe.com ; 53 (d) bit24 - stock.adobe.com ; 53 (c) Moving Moment - stock.adobe.com ; 53 (b) amphaiwan - stock.adobe.com ; 53 (a - e) Pixel-Shot - stock.adobe.com ; 55 (hc) Frog 974 - stock.adobe.com ; 55 (hb) karandaev - stock.adobe.com ; 55 (ha) maxsmolyar - stock.adobe.com ; 55 (ba) Image Source - Getty Images ; 55 (bb) zeljkosantrac - iStockphoto ; 55 (bc) Guerilla - iStockphoto ; 56 (hd) miladrumeva - stock.adobe.com ; 56 (hg) Butch Martin/Alamy/hemis.fr ; 56 (mg) Silke Woweries - Getty Images ; 57 (bd) « L'art en bazar » d'Ursus Wehrli, 2002 © Milan Editions ; 57 (bd) CSP_kgtoh - www.agefotostock.com ; 58 (md) frans lemmens/Alamy/hemis.fr ; 58 (bg - hm) realstockvector - stock.adobe.com ; 59 (md) Stijlbende ; 59 (bm) bullet_chained - stock.adobe.com ; 60 (md) © L›été Oh ! Parcs, Grenoble, 2021 de Martine Linette ; 60 (h1 - h2) Marc - stock.adobe.com ; 60 (h3) kebox - stock.adobe.com ; 60 (h4) sljubisa - stock.adobe.com ; 61 (md) © Cyril Doisneau ; 61 (bg) zoranm - Getty Images ; 63 realstockvector - stock.adobe.com ; 63 (a) Production Perig - stock.adobe.com ; 63 (b) savoieleysse - stock.adobe.com ; 63 (e) CSP_rfx - www.agefotostock.com ; 63 (d) Terroa - iStockphoto ; 63 (c) Sjo - iStockphoto ; 65 (1) stockphoto-graf - stock.adobe.com ; 65 (2) CGiHeart - stock.adobe.com ; 65 (3) Scanrail - stock.adobe.com ; 65 (4) Alekss - stock.adobe.com ; 65 (5) milkovasa - stock.adobe.com ; 66 (hd) Nikada - iStockphoto ; 66 (mm) da-vooda - iStockphoto ; 67 (bm) RLT_Images - iStockphoto ; 67 (md) Jurgita Vaicikeviciene/EyeEm - Getty Images ; 68 (hd) Viacheslav Lakobchuk - stock.adobe.com ; 68 (me) Max Broszat - stock.adobe.com ; 68 (mm) Sergey Lavrentev - stock.adobe.com ; 68 (mbmc) goodvector - stock.adobe.com ; 68 (ma) dervish15 - stock.adobe.com ; 68 (md) jan stopka - stock.adobe.com ; 69 (hd) Svitlana - stock.adobe.com ; 69 (bm) RLT_Images - iStockphoto ; 69 (h) AlexBlogoodf - stock.adobe.com ; 69 (mm1) robert6666 - stock.adobe.com ; 69 (mm2) Designer - stock.adobe.com ; 69 (mm3) dervish15 - stock.adobe.com ; 69 (mm4) ~ Bitter ~ - stock.adobe.com ; 70 (md) Mariia Kozub - iStockphoto ; 70 (hd) Silke Woweries - Getty Images ; 70 (bm) valery121283 - stock.adobe.com ; 70 (b) realstockvector - stock.adobe.com ; 71 (bm) RLT_Images - iStockphoto ; 71 (hd) Michael Burrell - istockphoto ; 71 (hd) KSENIA - stock.adobe.com ; 72 (ha) Paulista - stock.adobe.com ; 72 (hb) iava777 - stock.adobe.com ; 72 (hc) Maris Kiselov - stock.adobe.com ; 72 (ba) mayakova - stock.adobe.com ; 72 (bb) Alisa Browns - stock.adobe.com ; 72 (bc) ISO101 - stock.adobe.com ; 73 (hc) arcachonphoto.com - stock.adobe.com ; 73 (hb) Fred - stock.adobe.com ; 73 (ha) barabasone - stock.adobe.com ; 73 (ma) Flamingo Images - stock.adobe.com ; 73 (mb) PeopleImages - iStockphoto ; 73 (mc) SDI Productions - iStockphoto ; 74 (1) Veniamin Kraskov - stock.adobe.com ; 74 (2) Olexandr - stock.adobe.com ; 74 (3) nata777_7 - stock.adobe.com ; 74 (4) Popova Olga - stock.adobe.com ; 74 (5) Natika - stock.adobe.com ; 75 (ba) Africa Studio - stock.adobe.com ; 75 (hd) sergio37_120 - stock.adobe.com ; 75 (hc) Markus Mainka - stock.adobe.com ; 75 (hb) evgenij918 - stock.adobe.com ; 75 (bb) stockphoto-graf - stock.adobe.com ; 75 (bc) taka - stock.adobe.com ; 78 (c) Kzenon - stock.adobe.com ; 78 (b) gpointstudio - stock.adobe.com ; 78 (a) highwaystarz - stock.adobe.com ; 79 (bg) Claude Coquilleau - stock.adobe.com ; 79 (bd) Monkey Business - stock.adobe.com ; 79 (mg) FatCamera - iStockphoto ; 79 (md) Bertrand Gardel/hemis.fr ; 80 (mm) Peter Hermes Furian - stock.adobe.com ; 80 (mg) Géo ados N°140 - Octobre 2014 © Milan Presse/Photo de couverture Christian Blais ; 81 (h6) duncan1890 - iStockphoto ; 81 (h5) Renoux, Ernest Jules, "The Elephant by Frémiet and the Eiffel Tower", 1922. AKG Photo ; 81 (h1) EIFFEL, 2021 - de Martin Bourboulon avec Romain Duris. Collection Christophel © Pathe - VVZ Productions - M6 - Constantin Film Produktion GmbH ; 81 (h2) Robert DOISNEAU/Gamma Rapho ; 81 (h3) Arcaid Images/Alamy/hemis.fr ; 81 (h4) public domain sourced/access rights from History and Art Collection/Alamy/hemis.fr ; 81 (mg) 'Rhythm No.3 decoration for the Salon des Tuileries' by Robert Delaunay, 1938 - Photo12/Ann Ronan Picture Library ; 81 (mg) Photo12/Ann Ronan Picture Library ; 82 (hd) © Editions Didier ; 82 (b3) Maceo - stock.adobe.com ; 82 (b2) nata777_7 - stock.adobe.com ; 82 (b1) Eric Isselée - stock.adobe.com ; 82 (m2) FotoRequest - stock.adobe.com ; 82 (m3) TANGOART - iStockphoto ; 82 © Freepik ; 83 (bm) Notre-Dame de Paris (1482) Édition de Benedikte Andersson. Préface d'Adrien Goetz - Nouvelle édition en 2019 - Collection Folio classique (n° 4849), © Gallimard ; 83 (md) Théo Mercier, Le solitaire Adagp, Paris 2021 ; 84 (hd) amirul syaidi - stock.adobe.com ; 84 (md) Iliana Mestari - Getty Images ; 85 (m1) © Freepik ; 85 (m2) Zechal - stock.adobe.com ; 85 (m3) Alexey Fedorenko - stock.adobe.com ; 85 (hd) Maquette d'Arles antique (Musée départemental Arles antique) : https://www.flickriver.com/photos/23416307@N04/6223704747/ ; 91(m1) Christian DUPONT - stock.adobe.com.

Malgré nos efforts, il nous a été impossible de joindre certains auteurs ou leurs ayants droit pour certains documents, afin de solliciter l'autorisation de reproduction, mais nous avons naturellement réservé en notre comptabilité des droits usuels.